Mathematik 4. Klasse

Fit im Sachrechnen

Albrecht Abele
Birgit Pilz-Laukhuf

Mathematik 4. Klasse

Fit im Sachrechnen

Grundrechenarten und Textaufgaben

Regeln · Übungen · Lösungshilfen

FALKEN

Inhalt

Ein paar Worte vorweg

Hallo, ich bin MacCool! Ich begleite dich durch dieses Buch.

„Mathematik ist doch cool", sagt mein Schulfreund immer, doch ich war oft anderer Meinung. Manchmal wusste ich mit den vielen Zahlen und Wörtern überhaupt nichts anzufangen. Aber dann machten mir bestimmte Übungen sogar Spaß. Man kann zum Beispiel Zahlenmaschinen erfinden, erstaunliche Mathematikaufgaben aus Zeitungen ausschneiden oder interessante Informationen in Tierbüchern und Prospekten finden.

Na, bist du ein wenig neugierig geworden?

In diesem Buch kannst du zusammen mit mir gewöhnliche und auch nicht so alltägliche Aufgaben kennen lernen und lösen.

Üben mit Spaß

In den Kapiteln „Mit Zahlen und Zeichen", „Mit Größen rechnen" und „Besondere Lösungshilfen" kannst du die Grundrechenarten und das Lösen von Sachaufgaben üben. (Schau im Inhaltsverzeichnis nach, dort findest du die einzelnen Themen.)

Mathe spielerisch

Die „Zahlenrätsel und Mathespiele" machen mir immer besonders viel Spaß. Manche davon sind für mehrere Mitspieler gedacht – sicher findest du jemanden zum Mitspielen!

Beispiele

Im ganzen Buch findest du Tipps und Hilfen fürs Rechnen: **Beispielaufgaben** zeigen dir, wie du die Lösungen am besten findest. An den Seitenrändern stehen **wichtige Hinweise, Regeln und Hilfen.** Und auf den Seiten 22 und 23 findest du viele **Tipps** zum Lösen von Sachaufgaben.

Regeln, Hilfen und Tipps

Vom letzten Kapitel, „Unsere Umwelt“, kannst du dir übrigens gern zuerst das Sachthema aussuchen, das dich am meisten interessiert!

Alles, was du jetzt noch brauchst, sind ein kariertes Heft, ein Bleistift und natürlich ein wenig Zeit. Aber übertreibe es nicht! Eine halbe Stunde üben am Tag reicht völlig aus.

Was du jetzt noch brauchst

Mich wirst du im Buch übrigens immer wieder treffen. Und auch Sarah und Jonathan wirst du noch kennen lernen!

Bis dann!

Dein MacCool

So kann eine Doppelseite in diesem Buch aussehen:

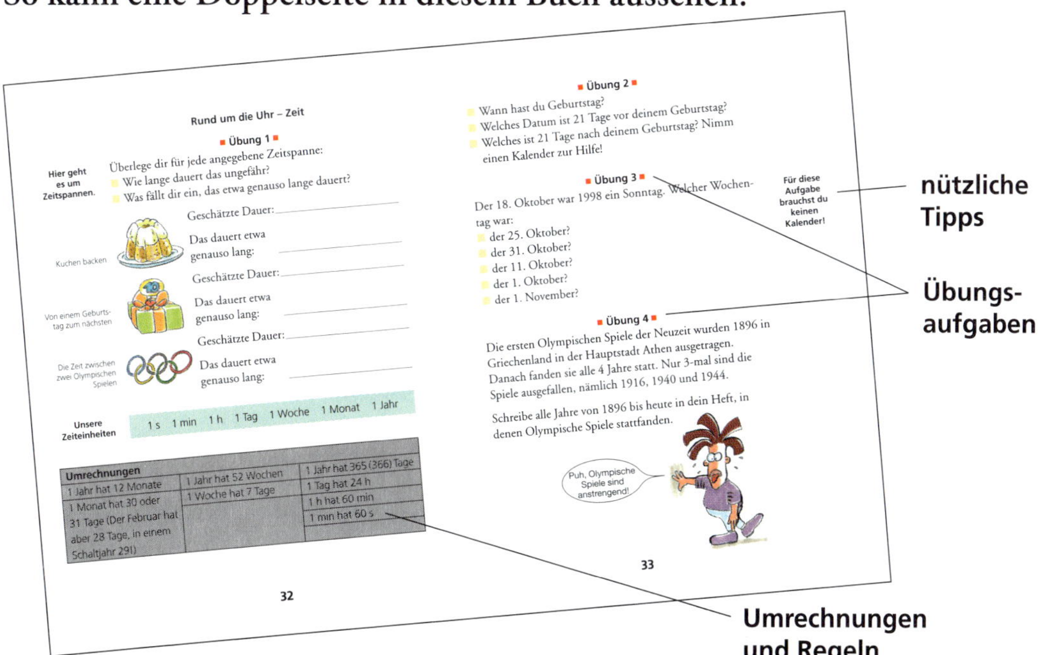

Rund um die Uhr – Zeit

Übung 1

Hier geht es um Zeitspannen.

Überlege dir für jede angegebene Zeitspanne:
- Wie lange dauert das ungefähr?
- Was fällt dir ein, das etwa genauso lange dauert?

Kuchen backen — Geschätzte Dauer: ______ Das dauert etwa genauso lang: ______

Von einem Geburtstag zum nächsten — Geschätzte Dauer: ______ Das dauert etwa genauso lang: ______

Die Zeit zwischen zwei Olympischen Spielen — Geschätzte Dauer: ______ Das dauert etwa genauso lang: ______

Unsere Zeiteinheiten: 1 s 1 min 1 h 1 Tag 1 Woche 1 Monat 1 Jahr

Umrechnungen		1 Jahr hat 365 (366) Tage
1 Jahr hat 12 Monate	1 Jahr hat 52 Wochen	1 Tag hat 24 h
1 Monat hat 30 oder 31 Tage (Der Februar hat aber 28 Tage, in einem Schaltjahr 29!)	1 Woche hat 7 Tage	1 h hat 60 min
		1 min hat 60 s

32

Übung 2

- Wann hast du Geburtstag?
- Welches Datum ist 21 Tage vor deinem Geburtstag?
- Welches ist 21 Tage nach deinem Geburtstag? Nimm einen Kalender zur Hilfe!

Übung 3

Für diese Aufgabe brauchst du keinen Kalender!

Der 18. Oktober war 1998 ein Sonntag. Welcher Wochentag war:
- der 25. Oktober?
- der 31. Oktober?
- der 11. Oktober?
- der 1. Oktober?
- der 1. November?

Übung 4

Die ersten Olympischen Spiele der Neuzeit wurden 1896 in Griechenland in der Hauptstadt Athen ausgetragen. Danach fanden sie alle 4 Jahre statt. Nur 3-mal sind die Spiele ausgefallen, nämlich 1916, 1940 und 1944.

Schreibe alle Jahre von 1896 bis heute in dein Heft, in denen Olympische Spiele stattfanden.

Puh, Olympische Spiele sind anstrengend!

33

Mit Zahlen und Zeichen

■ Übung 1 ■

Immer das Doppelte!

1 —·2→ **2** —·2→ **4** —·2→ ☐ —·2→ ☐

1 mal 2 = 2 | 2 mal 2 = 4 | 4 mal 2 = ?

Rechne weiter bis 1 000.

■ Übung 2 ■

Immer die Hälfte!

524 288 —:2→ **262 144** —:2→ ☐ —:2→ ☐

524 288 : 2 = 262 144 | 262 144 : 2 = ?

Rechne weiter, so weit es geht! Die letzte Zahl ist 1.

■ Übung 3 ■

Im Zahlenhaus schreibt man:

	Million M	Hundert-tausend HT	Zehn-tausend ZT	Tausend T	Hundert H	Zehner Z	Einer E
schreiben →		5	2	4	2	8	8
lesen →	**fünfhundertvierundzwanzigtausendzweihundertachtundachtzig**						

Lies die Zahlen und schreibe sie in Ziffern auf.

a) achtundzwanzigtausendvierhundertdrei

b) achtundzwanzigtausendvierhundertdreiundzwanzig

■ Übung 4 ■

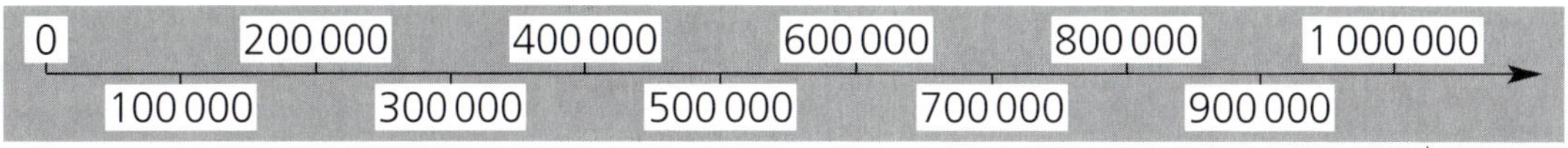

Das ist ein Zahlenstrahl.

a) Wie geht es in 10er-Schritten weiter?

b) Wie geht es in 50er-Schritten weiter?

c) Wie heißt die Zahl bei A?

A	

Kleiner Tipp zur Lösung:
950 + 50 = 1 000
9 950 + 50 = 10 000
99 950 + 50 = 100 000

d) Wie heißen die Zahlen bei B, C, D?

B		C		D	

■ Übung 5 ■

a) Ergänze bis 1 000.

970 + ______________

870 + ______________

b) Ergänze bis 10 000.

9 700 + ______________

8 700 + ______________

c) Ergänze bis 100 000.

97 000 + ______________

87 000 + ______________

d) Ergänze bis 1 000 000.

970 000 + ______________

877 000 + ______________

Vergleiche:
970 + 30 = 1 000
970 000 + 30 000 = 1 000 000

Zahlenrätsel und Mathespiele

Übung 1

Hier gibt es mehrere richtige Lösungen!

a) Meine Zahl liegt zwischen 78 500 und 78 600.

b) Meine Zahl liegt zwischen 78 550 und 78 560.

c) Meine Zahl liegt zwischen 785 000 und 786 000.

Übung 2

Findest du auch hier mehrere Lösungen?

a) Ich weiß eine Zahl und die ist größer als 100 000 *und* kleiner als 200 000.

b) Ich weiß eine Zahl und die ist kleiner als 1 000 000 *und* größer als 990 000.

c) Ich weiß eine Zahl und die ist nur um 1 kleiner als 1 000 000.

Übung 3

a) Zeichne in deinem Heft ein Stück Zahlenstrahl, das die Zahl 150 000 enthält. Markiere die 150 000 darauf.

b) Zeichne auf einen Zahlenstrahl alle Tausenderzahlen zwischen 990 000 und 1 000 000.

Übung 4

Ein Rätsel für drei oder mehr Spieler

Schreibt auf mehrere kleine Papierblätter große Zahlen, zum Beispiel 128 222 oder 67 200.

Nun werden alle Blätter offen hingelegt. Abwechselnd stellt ihr euch Zahlenrätsel wie diese:

- „Meine Zahl ist größer als 60 000 und hat 7 Tausender und 0 Einer." Welche der beiden Zahlen ist gemeint?
- „Meine Zahl liegt auf dem Zahlenstrahl zwischen 120 000 und 130 000." Welche Zahl ist es jetzt?

Für jede Zahl gibt es eine Menge unterschiedlicher Zahlenrätsel!

Welche Zahlen passen sonst noch zu diesem Rätsel?

Wer als Erster die beschriebene Zahl gefunden hat, bekommt einen Punkt.

Übung 5

Knack die Zahl

Ein Spieler überlegt sich eine 3-stellige Zahl. Das ist seine Geheimzahl.

Das ist ein Spiel für zwei Spieler.

Der zweite Spieler nennt nun irgendeine 3-stellige Zahl.

Der erste Spieler sagt ihm, wie viele Ziffern der genannten Zahl mit seiner Geheimzahl übereinstimmen. Für den ratenden Spieler geht es darum, die Geheimzahl mit möglichst wenigen Versuchen herauszubekommen.

Beispiel:

Die Geheimzahl lautet 123.
Der zweite Spieler nennt die Zahl 503.
Der erste Spieler sagt ihm, dass genau eine Ziffer davon mit seiner Geheimzahl übereinstimmt, nämlich die Einerziffer (in unserem Fall die 3).

Nach wie vielen Versuchen knackst du die Geheimzahl?

Übung 6

Wie heißt deine Lieblingszahl aus diesen sechs Ziffern?

Schreibe die Ziffern von 0 bis 9 auf einzelne Kärtchen. Lege mit diesen Kärtchen Zahlen und schreibe sie auf.

- Welches ist die größte Zahl aus 6 Kärtchen?
- Welches ist die kleinste Zahl aus 6 Kärtchen?

Übung 7

Wir basteln einen Zahlenschieber

Schneide 6 Streifen aus Tonpapier aus, 30 cm lang und 2,5 cm breit. Schreibe auf die Streifen die Ziffern von 0 bis 9, so wie es das Bild 1 zeigt. Jetzt schneidest du mit einem Papiermesser 12 Schlitze (je 3 cm lang) in ein Stück Pappe der Größe DIN A4, immer 2 übereinander mit einem Abstand von 3 cm (Bild 2). Wenn du die Zahlenstreifen durch die Schlitze fädelst und auf- und abschiebst, kannst du viele Zahlen bilden (Bild 3).

- Welches ist die größte Zahl, die du bilden kannst?
- Welches ist die kleinste Zahl?

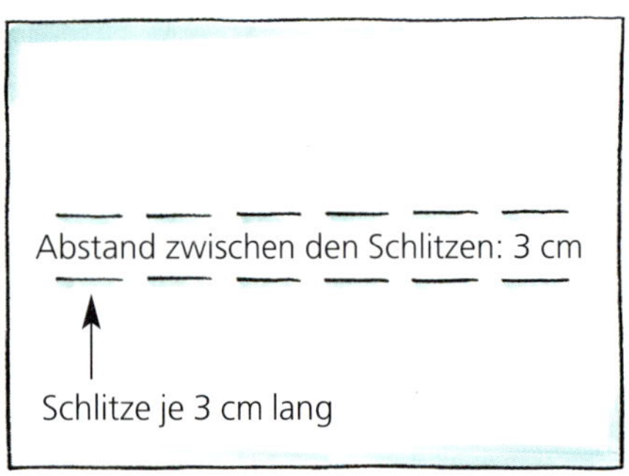

Bild 2

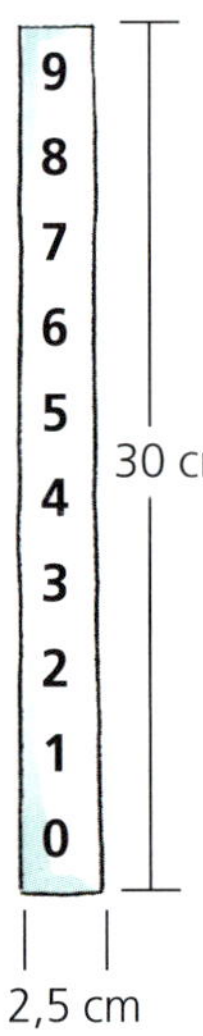

Bild 1

Bild 3

■ Übung 8 ■

Ergebnisse wickeln

Du brauchst ein rechteckiges Stück Pappe, eine Schere, einen Stift und ein langes Stück Wolle oder Schnur. Lege das Stück Pappe wie eine Heftseite vor dich auf den Tisch. Schneide nun an beiden langen Seiten gleich viele Kerben in das Pappstück. Jetzt schreibst du auf die linke Seite neben jede Kerbe eine Rechnung. Auf der rechten Seite schreibst du dann die Ergebnisse der Rechnungen neben die Kerben. **Achtung:** Die Reihenfolge der Ergebnisse musst du vertauschen!

Zum Schluss befestigst du den Wollfaden oben links an der Pappe. Stich dazu ein kleines Loch in die Pappe, fädle ihn durch und verknote das Ende.

Nun kannst du Aufgaben wickeln. Dazu legst du den Faden von der Rechnung oben links über die Vorderseite der Pappe bis zum richtigen Ergebnis auf der rechten Seite. Nun führst du den Faden durch die Kerbe dort nach unten und holst ihn bei der zweiten Rechnung oben links wieder nach vorne durch die Kerbe dort – und so weiter. Auf der Rückseite kannst du zur Kontrolle mit einem Stift Striche von Kerbe zu Kerbe zeichnen, genauso wie der Faden gewickelt sein muss, wenn du richtig gerechnet hast.

So wickelst du die Aufgaben.

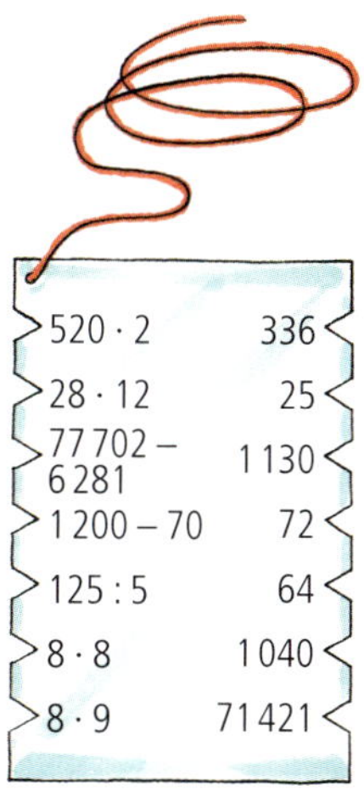

Vorderseite

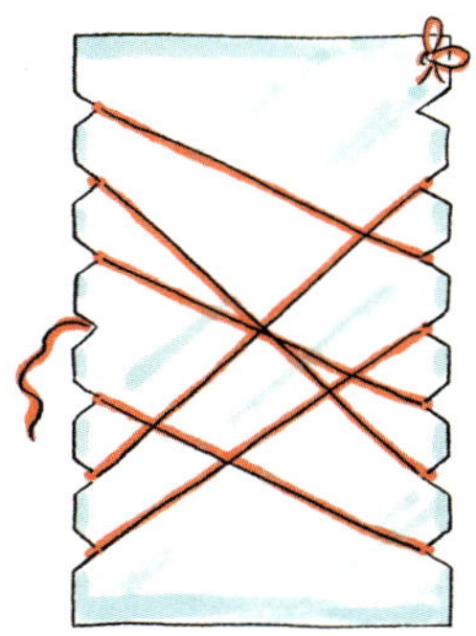

Rückseite

Addition und Subtraktion

Addieren („Zusammenzählen“) und Subtrahieren („Abziehen“) kannst du schon seit der ersten Klasse.

Es gibt ganz leichte Aufgaben:

5 + 5 = ?　　　　50 + 50 = ?

Summe

10 als **Summe** dargestellt:

10 = 5 + 5

100 als **Summe** dargestellt:

100 = 50 + 50

■ Übung 1 ■

Schreibe für die Zahl **10** alle möglichen Summen in dein Heft. (Ein Tipp: Es gibt 11 davon!)

10 = ☐ + ☐

Schreibe für die Zahl **100** zehn verschiedene Summen in dein Heft auf:

100 = ☐ + ☐

Differenz

100 als **Differenz** dargestellt:

100 = 150 – 50

■ Übung 2 ■

Schreibe für die Zahl 100 drei Differenzen auf.

100 = ________ – ________

100 = ________ – ________

100 = ________ – ________

Übung 3

Auch mit größeren Zahlen kannst du im Kopf rechnen!

Schreibe die Zahl 1 000 als Summe aus zwei Hunderter-Zahlen.

1 000 = 500 + ______

1 000 = ______ + ______

1 000 = ______ + ______

1 000 = ______ + ______

1 000 = ______ + ______

1 000 = ______ + ______

Schreibe die Zahl 1 000 000 als Summe aus zwei Hunderttausender Zahlen.

1 000 000 = 500 000 + ______

1 000 000 = ______ + ______

1 000 000 = ______ + ______

1 000 000 = ______ + ______

1 000 000 = ______ + ______

1 000 000 = ______ + ______

Übung 4

Schreibe die Zahl 1 000 als Differenz.

1 000 = ______ – ______

1 000 = ______ – ______

1 000 = ______ – ______

1 000 = ______ – ______

Übung 5

Schreibe die Zahl 10 000 als Differenz.

Vorsicht Nullen!

10 000 = 20 000 – 10 000

10 000 = ______

10 000 = ______

10 000 = ______

10 000 = ______

■ Übung 6 ■

	48	6	36	→ 90
	18	30	42	→ ?
	24	54	12	→ ?
↙ ?	↓ 90	↓ ?	↓ ?	↘ ?

■ Übung 7 ■

Rechne so:

1 240
+ 1 030
+ 1 1180
3 450

	1 240	1 030	1 180	→ 3 450
	1 030	1 150	1 210	→ ?
	1 120	1 270	1 060	→ ?
↙ ?	↓ ?	↓ ?	↓ ?	↘ ?

■ Übung 8 ■

Es sind immer acht Rechnungen im Zauberquadrat zu lösen!

	243 648	540 606	124 836	→ ?
	184 218	303 030	421 842	→ ?
	481 224	65 454	362 412	→ ?
↙ ?	↓ ?	↓ ?	↓ ?	↘ ?

Nach dem Addieren gehts jetzt ans Subtrahieren.

■ Übung 9 ■

999 999	999 999	999 998
– 345 678	– 876 543	–
		123 456

■ Übung 10 ■

5 678	5 678	8 642
– 4 321	–1 234	–
		7 285

■ Übung 11 ■

5 678		1 357
– 4 567	– 5 678	–
1 111	1 111	1 111

Multiplikation und Division

Multiplizieren („Malnehmen“) und Dividieren („Teilen“) kannst du schon lange.

$2 \cdot 12 = ?$ $8 \cdot 8 = ?$

Produkt und Faktoren

24 als **Produkt** dargestellt:	64 als **Produkt** dargestellt:
$24 = 2 \cdot 12$	$64 = 8 \cdot 8$
Die **Faktoren** sind 2 und 12.	Die **Faktoren** sind gleich. (8)

■ **Übung 1** ■

a) Schreibe für die Zahl 24 alle möglichen Produkte in dein Heft. Wie viele gibt es?

b) Schreibe für die Zahl 64 alle möglichen Produkte in dein Heft. Wie viele gibt es?

Quotient

Hier ist die Zahl 2 als **Quotient** dargestellt:

$2 = 10 : 5$

■ **Übung 2** ■

a) Schreibe für die Zahl 2 die Quotienten auf.

2 = 4 : _____ 2 = _____ : 3

2 = 30 : _____ 2 = 100 : _____

b) Welche dieser Quotienten sind gleich?

25 : 5, 36 : 6, 18 : 3, 30 : 6, 35 : 7, 70 : 14, 50 : 10

■ **Übung 3** ■

Dieses Netz entsteht durch fortgesetzte Multiplikation mit 2 (einfacher Pfeil) oder mit 3 (Doppelpfeil).

–> mal 2
=> mal 3

Fülle alle leeren Stellen aus!

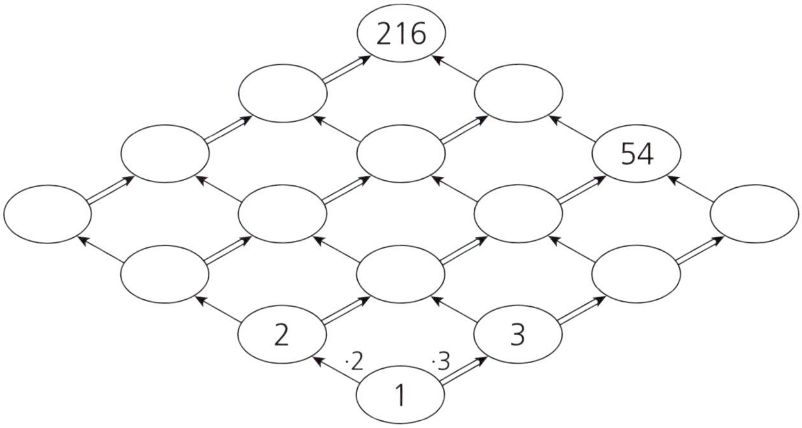

■ **Übung 4** ■

Die größte Zahl in diesem Netz ist 1 000, die kleinste 1. Welche Zahlen liegen dazwischen? Jeder einfache Pfeil bedeutet wieder „mal 2“, jeder Doppelpfeil bedeutet jetzt „mal 5“.

–> mal 2
=> mal 5

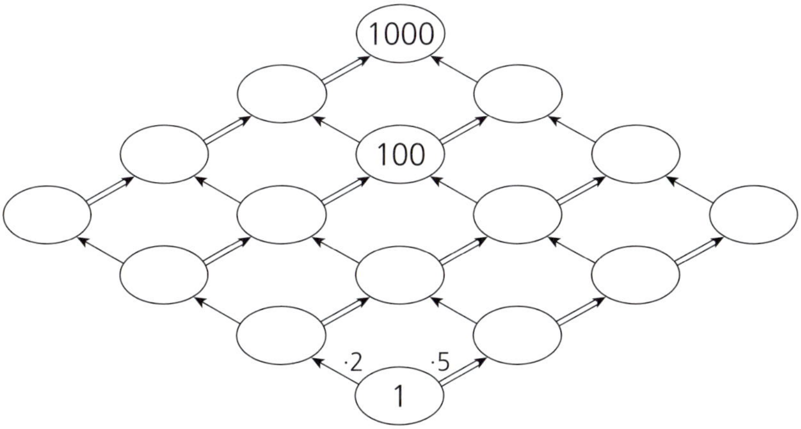

Für das schriftliche Multiplizieren und Dividieren musst du das Einmaleins auswendig können!

Übung 5

Berechne diese Produkte:

a) 679 · 9 b) 5 679 · 9

c) 45 679 · 9 d) 679 · 45

e) 5 679 · 45 f) 45 679 · 45

Beispiel:

	T	H	Z	E	
79 ·			4	5	
	3	1	6	0	← 79 · 40
		3	9	5	← 79 · 5
	3	5	5	5	

Übung 6

a) 10 101 · 11 b) 10 101 · 12 c) 10 101 · 13 d) 10 101 · 15

Vergleiche die Ergebnisse.

Übung 7

So berechnest du den Quotienten.

T	H	Z	E		T	H	Z	E
15	5	5	4	: 14 =	1	1	1	1
−14	↓			← ·14 (T)				
1	5							
−1	4			← ·14 (H)				
	1	5						
−	1	4		← ·14 (Z)				
		1	4	← ·14 (E)				

Berechne ebenso:

a) 31 108 : 14
b) 62 216 : 14
c) 124 432 : 14
d) 181 818 : 18
e) 181 818 : 2
f) 90 909 : 9
g) 363 636 : 18
h) 363 636 : 9
i) 40 404 : 4

■ Übung 8 ■

Berechne die Quotienten.

a) 3 360 : 14 b) 3 360 : 15 c) 3 360 : 16

d) Suche 10 andere Teiler von 3 360. Es gibt sehr viele!

Die Zahlen 14, 15, 16 „teilen“ 3 360; sie heißen **Teiler** von 3 360.

Teiler

■ Übung 9 ■

Dividiere die Zahl 60 der Reihe nach durch 2, 3, 4, 5, 6, 7, 8, 9, 10, 11, 12, 13, 14, 15.

Bei manchen Divisionsaufgaben entsteht ein Rest, z. B:

60 : 7 = 8 R4.

Als Multiplikation geschrieben:

$60 = 8 \cdot 7 + 4$

Wenn beim Teilen ein Rest bleibt, schreibt man das so.

■ Übung 10 ■

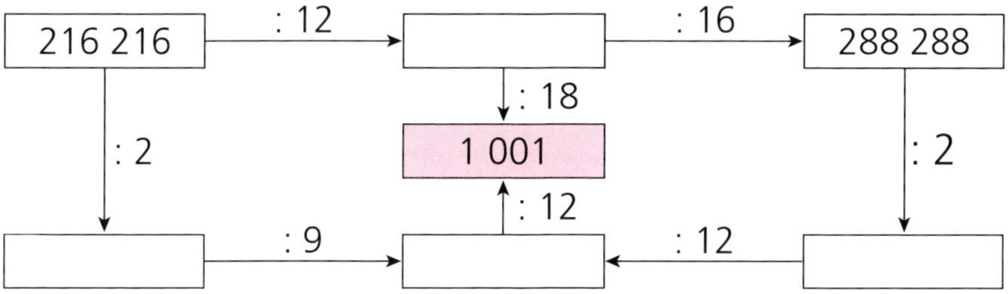

Tipps zum Lösen von Sachaufgaben

Falls du einmal bei einer Sachaufgabe nicht weiter weißt, solltest du hier nachschlagen. Bestimmt kann dir dann einer dieser Tipps helfen:

Lesen

Lies die Aufgabe langsam und genau. Frage jemanden, wenn du ein Wort nicht verstehst. Schließe nach dem Lesen kurz deine Augen und denke an die Aufgabe – weißt du noch, was du gelesen hast? Versuche es in deinen eigenen Worten zu erzählen. Du kannst die Aufgabe auch mit einem Freund oder einer Freundin nachspielen, wenn das möglich ist.

Fragen

Manchmal enthält eine Aufgabe eine oder mehrere Fragen. Manchmal musst du die Frage selbst suchen. Wenn du sie nicht gleich findest, wende diesen Trick an: Frage alles Mögliche, was dir zu der Aufgabe einfällt. Danach überlege dir, welche Fragen mit der Aufgabe beantwortet werden könnten.

Die richtige Reihenfolge

Manchmal gibt es mehrere Einzelaufgaben in einer Übung. Dann kommt es vor, dass du die Ergebnisse von einigen Aufgabenteilen zum Weiterrechnen brauchst. Dabei ist es also wichtig, dass du die Aufgaben in der angegebenen Reihenfolge löst.

Rechenarten

Rechenarten sind „plus“, „minus“, „mal“ und „geteilt“. Schau dir die Zahlen in der Aufgabe an. Unterstreiche alle Zahlen. Erkläre, was die Zahlen bedeuten. Das hilft dir, den Rechenweg zu finden.

Das Ergebnis

Überlege, ob das Ergebnis auch wirklich richtig sein kann: Macht es Sinn?

Die Antwort

Weißt du noch, wie die Frage hieß? Überprüfe, ob deine Rechenergebnisse genau auf die Frage antworten.

Mit Größen rechnen

Mark und Pfennig – Geld

■ Übung 1 ■

Hier brauchst du nicht zu rechnen!

Sieh dir die drei Bilder an und überlege dir dann:

- Was kostet jeder abgebildete Gegenstand ungefähr?
- Was fällt dir ein, das etwa genauso viel kostet?

Geschätzter Preis: ______________________

Das kostet etwa genauso viel: ______________________

Geschätzter Preis: ______________________

Das kostet etwa genauso viel: ______________________

Geschätzter Preis: ______________________

Das kostet etwa genauso viel: ______________________

Umrechnungen
1 DM = 100 Pf
1 Euro = 100 Cent

■ Übung 2 ■

Geschicktes Einkaufen

An der Ladenkasse hängt ein Plakat mit Sonderangeboten:

Brot	2,20 DM	Marmelade	1,80 DM
Nudeln	2,00 DM	Chips	1,20 DM
Joghurt	2,40 DM	Salzstangen	1,10 DM
Milch	1,20 DM	Schokolade	0,90 DM
Saft	1,10 DM	Lakritz	1,50 DM
Ananas	4,40 DM	Zahnpasta	1,80 DM
Mais	0,60 DM	Putzmittel	2,40 DM

a) Sarah kauft ein: 2 Ananas und 1 Brot. Sie bezahlt mit einem 20-Mark-Schein. Wie viel Geld bekommt sie an der Kasse zurück?

b) Was würdest du selbst kaufen, wenn du genau 11 DM ausgeben wolltest?

c) Jetzt kaufst du für 12 DM ein. Benutze diese Tabelle und ergänze sie mit eigenen Angaben.

Chips	Milch	Mais	Marmelade	Schokolade	Zahnpasta	Putzmittel
10	0	0	0	0	0	0
5	?	0	0	0	0	0
5	?	?	0	0	0	0

In jeder Reihe ergibt die Summe der Preise genau 12 DM.

■ Übung 3 ■

Im Sportgeschäft

Das Sportgeschäft Kuch hatte 10 Badmintonschläger der gleichen Sorte. Davon sind bereits 8 zum Preis von je 260 DM verkauft. Die beiden letzten Schläger wurden im Preis herabgesetzt; jeder von ihnen kostet jetzt nur noch 160 DM.

a) Jonathan kauft sich einen solchen Schläger. Wie viel Geld spart er gegenüber dem vollen Preis?

b) Johathan bekommt monatlich 20 DM Taschengeld. Wie viele Monate hätte er für den vollen Preis noch zusätzlich sein gesamtes Taschengeld sparen müssen?

Kleiner Tipp:
8 Schläger zu ? DM
2 Schläger zu ? DM

c) Wie viel hat das Sporthaus insgesamt beim Verkauf aller 10 Schläger eingenommen?

d) Wie viel hätte das Sporthaus eingenommen, wenn es alle Schläger zum regulären Preis verkauft hätte?

e) Wie hoch wäre die Einnahme gewesen, wenn alle Schläger zum herabgesetzten Preis verkauft worden wären?

f) Übertrage die Tabelle in dein Heft. Fülle sie vollständig aus! Wie geht es weiter bei 7 und 3 Schlägern, bei 6 und 4 und so weiter?

	St	DM	St	DM	St	DM		St	DM
Verkauf zu 260 DM	10	2 600	9		8		…	0	0
Verkauf zu 160 DM	0	0	1		2		…	10	1 600
Einnahme insgesamt		2 600					…		1 600

Übung 4

Das Fest

Für die Silvesterparty kauft Herr Mellberg für 100 DM Getränke: Cola, Orangensaft und Sekt. Er hat 8 Flaschen Sekt gekauft. Wie viel Orangensaft und Cola hat er dann wohl gekauft? (Es gibt 6 Lösungen!)

Preisliste

1 Flasche Sekt 10 DM

1 Flasche Saft 4 DM

1 Flasche Cola 1 DM

a) Du findest die erste Lösung, wenn du der Reihe nach folgende Fragen beantwortest:
- Was kosten 8 Flaschen Sekt?
- Wie viel Geld hat er noch für andere Getränke?
- Wie viele Flaschen Orangensaft kann er dafür kaufen?
- Bleibt noch etwas Geld übrig für Cola?

b) Zweite Lösung: Er kauft nur 4 Flaschen Orangensaft.
- Was kosten 4 Flaschen Orangensaft?
- Wie viel Geld hat er übrig für Cola?
- Wie viele Colaflaschen zu 1 DM kann er dafür kaufen?

c) Dritte Lösung: Er kauft nur 3 Flaschen Orangensaft. Welche Fragen musst du stellen? Beantworte diese Fragen.

d) Trage alle Ergebnisse in eine Tabelle in deinem Heft ein.

	Anzahl Sekt (10 DM)	Anzahl Saft (4 DM)	Anzahl Cola (1 DM)	Gesamtzahl Flaschen
100 DM	8	5	0	13
100 DM	8	4	?	16
100 DM				
100 DM				
100 DM	↓	↓	↓	↓

Kurzweilig statt langatmig – Längen

Übung 1

Überlege dir zu jedem abgebildeten Gegenstand:

- Wie lang ist er ungefähr?
- Fällt dir etwas ein, das etwa genauso lang ist?

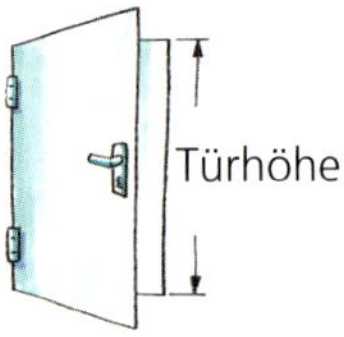

Geschätzte Länge: ____________________

Das ist etwa genauso lang: ____________________

Dein Daumen

Geschätzte Länge: ____________________

Das ist etwa genauso lang: ____________________

Reiskorn

Geschätzte Länge: ____________________

Das ist etwa genauso lang: ____________________

So kannst du dir die Längeneinheiten gut vorstellen.

1 mm

1 cm

1 dm

1 m: Tafelhöhe

1 km: 2½ Runden um den Sportplatz

Umrechnungen			
1 km = 1 000 m	1 m = 10 dm	1 m = 100 cm	1 m = 1 000 mm
	1 dm = 10 cm	1 cm = 10 mm	

■ Übung 2 ■

Die Beetumrandung

Sarah hat ein Gemüsebeet angelegt. Das Beet ist 5,40 m lang und 3,00 m breit. Sie möchte das Beet mit Randsteinen einfassen. Die Randsteine gibt es in den Längen 60 cm und 90 cm.

Jetzt rechnen wir mit Metern und Zentimetern.

a) Wie viele Randsteine braucht Sarah für jede lange Seite?

	Anzahl	Anzahl	Anzahl	Anzahl
90 cm	6	?	?	?
60 cm	0	?	?	?

b) Wie viele braucht sie für jede kurze Seite?

c) Welche Randlängen zwischen 4 m und 6 m kann man mit den Randsteinen setzen? Versuche mehrere Lösungen zu finden.

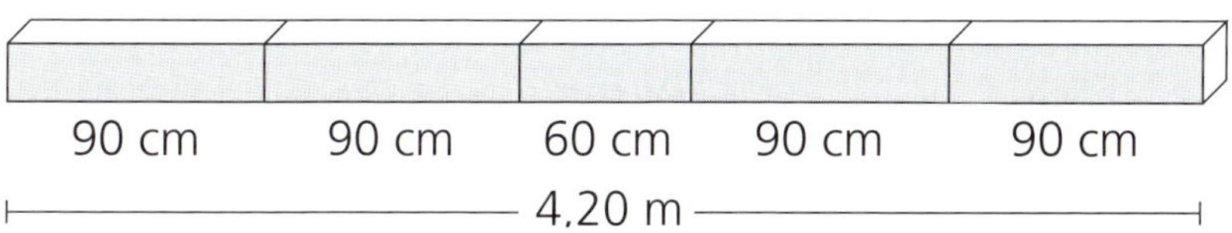

■ Übung 3 ■

Der Küchentisch der Mellbergs ist 2,00 m lang und 0,80 m breit. Frau Mellberg legt eine Tischdecke auf, die an allen Seiten 20 cm überhängt.

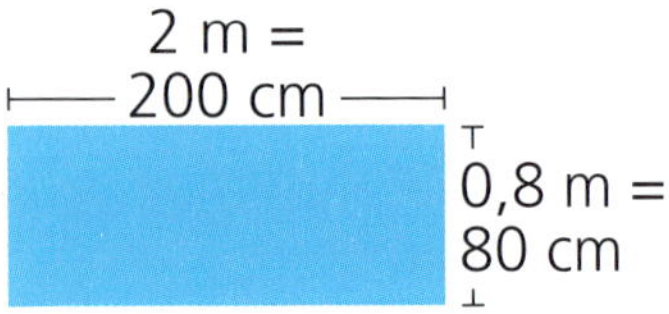

a) Wie lang und wie breit ist die Tischdecke? (Die Zeichnung kann dir helfen!)

b) Frau Mellberg legt dieselbe Tischdecke auf einen anderen Tisch, der 1,90 m lang und 1,00 m breit ist.

- Wie weit hängt die Tischdecke an der langen Seite über?
- Wie weit hängt die Tischdecke an der kurzen Seite über?

Durchmesser ...

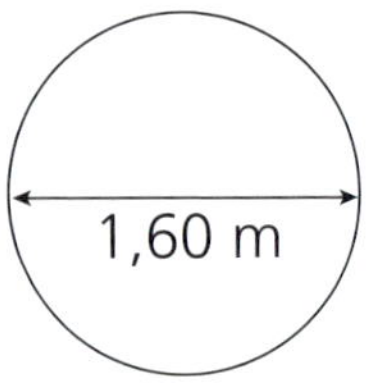

Durchmesser: 1,60 m

c) Frau Mellberg möchte eine quadratische Tischdecke mit einem blauen Band einfassen. Die Tischdecke hat eine Seitenlänge von 80 cm. Wie lang muss das blaue Band sein?

d) Ein runder Tisch hat einen Durchmesser von 1,60 m. Wie groß muss der Durchmesser einer runden Tischdecke sein, damit sie überall 20 cm überhängt?

... und Radius

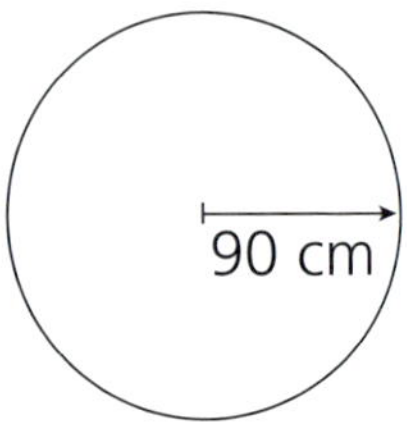

Radius: 90 cm

e) Auf einem runden Tisch mit Radius 90 cm liegt eine Tischdecke, die überall 15 cm überhängt. Wie groß ist der Durchmesser der Tischdecke?

■ Übung 4 ■

Rechne um in m:

8 cm, 35 cm 12, cm, 2 km, 23 dm, 12,25 km, 105 km.

■ Übung 5 ■

Fred hat einen weiten Weg zur Schule. Der Weg um den Teich ist 1,800 km lang. Der Weg am Spielplatz vorbei ist 2 400 m lang.

a) Welcher Weg ist länger?

b) Wie groß ist der Unterschied?

■ Übung 6 ■

Fred geht morgens zur Schule den Weg um den See, nach der Schule nimmt er nach Hause den Weg über den Spielplatz. Welche Strecke hat er insgesamt zurückgelegt?

■ Übung 7 ■

Ordne die Entfernungen nach der Größe:

4 060 m; 4,006 km; 4 600 m; 6,400 km; 6 004 m; 640 m.

■ Übung 8 ■

10 km = 5,600 km + _________ km

10 km = 6,600 km + _________ km

Rund um die Uhr – Zeit

■ Übung 1 ■

Hier geht es um Zeitspannen.

Überlege dir für jede angegebene Zeitspanne:

- Wie lange dauert das ungefähr?
- Was fällt dir ein, das etwa genauso lange dauert?

Kuchen backen

Geschätzte Dauer: ______________________

Das dauert etwa genauso lang: ______________________

Von einem Geburtstag zum nächsten

Geschätzte Dauer: ______________________

Das dauert etwa genauso lang: ______________________

Die Zeit zwischen zwei Olympischen Spielen

Geschätzte Dauer: ______________________

Das dauert etwa genauso lang: ______________________

Unsere Zeiteinheiten

1 s   1 min   1 h   1 Tag   1 Woche   1 Monat   1 Jahr

Umrechnungen		
1 Jahr hat 12 Monate	1 Jahr hat 52 Wochen	1 Jahr hat 365 (366) Tage
1 Monat hat 30 oder 31 Tage (Der Februar hat aber 28 Tage, in einem Schaltjahr 29!)	1 Woche hat 7 Tage	1 Tag hat 24 h
		1 h hat 60 min
		1 min hat 60 s

Übung 2

- Wann hast du Geburtstag?
- Welches Datum ist 21 Tage vor deinem Geburtstag?
- Welches ist 21 Tage nach deinem Geburtstag? Nimm einen Kalender zur Hilfe!

Übung 3

Der 18. Oktober war 1998 ein Sonntag. Welcher Wochentag war:

- der 25. Oktober?
- der 31. Oktober?
- der 11. Oktober?
- der 1. Oktober?
- der 1. November?

Für diese Aufgabe brauchst du keinen Kalender!

Übung 4

Die ersten Olympischen Spiele der Neuzeit wurden 1896 in Griechenland in der Hauptstadt Athen ausgetragen. Danach fanden sie alle 4 Jahre statt. Nur 3-mal sind die Spiele ausgefallen, nämlich 1916, 1940 und 1944.

Schreibe alle Jahre von 1896 bis heute in dein Heft, in denen Olympische Spiele stattfanden.

■ Übung 5 ■

Bus-Fahrplan

Am Busbahnhof halten Busse der roten, der gelben und der blauen Linie. Die roten Busse fahren alle 10 Minuten, die gelben alle 20 Minuten und die blauen alle 15 Minuten. Um 7:00 Uhr fahren ein roter Bus, ein gelber Bus und ein blauer Bus ab.

a) Auf dem Fahrplan stehen die weiteren Abfahrtszeiten. Trage ein, was fehlt.

Rot	7:00	7:10	7:20							8:30
Gelb	7:00	7:20			8:20			9:20		
Blau	7:00	7:15				8:15				9:15

Blau: 4-mal in der Stunde
Gelb: 3-mal in der Stunde
Rot: 6-mal in der Stunde

b) Um 7:00 Uhr fahren alle Busse gleichzeitig ab. Wann fahren die roten und die gelben Busse wieder gleichzeitig ab?

c) Wann fahren die roten und die blauen Busse zu gleicher Zeit ab?

d) Wann fahren die gelben und die blauen Busse gleichzeitig ab?

e) Wann fahren rote, gelbe und blaue Busse wieder alle gleichzeitig ab?

Übung 6

Dies ist der Plan von Jonathans Montagvormittag:

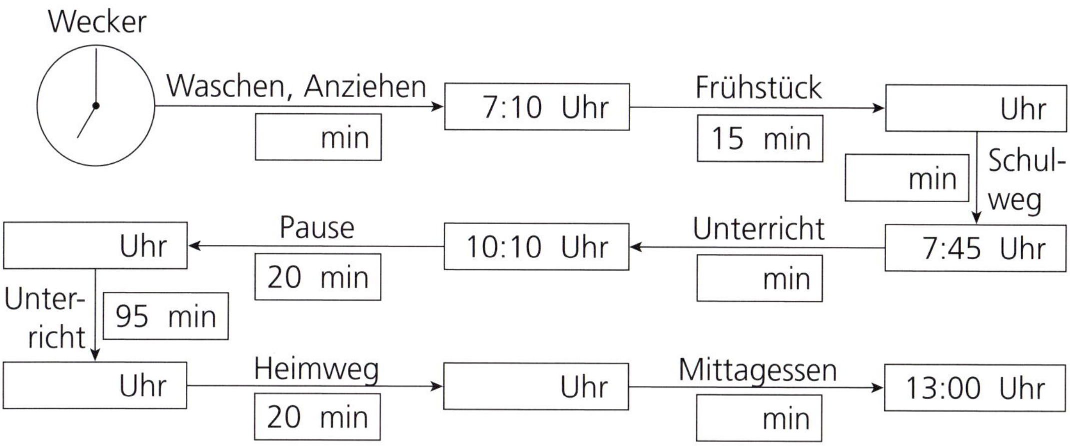

Übung 7

Wie sieht dein Plan für den Montagvormittag aus?

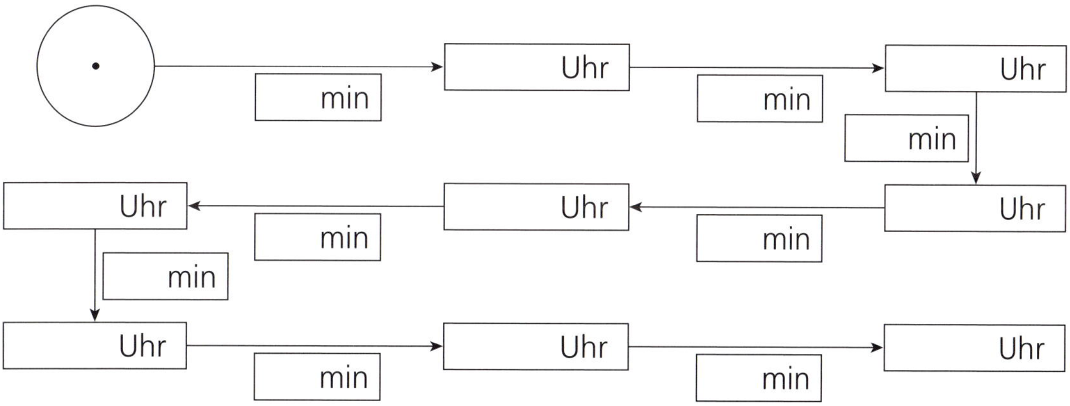

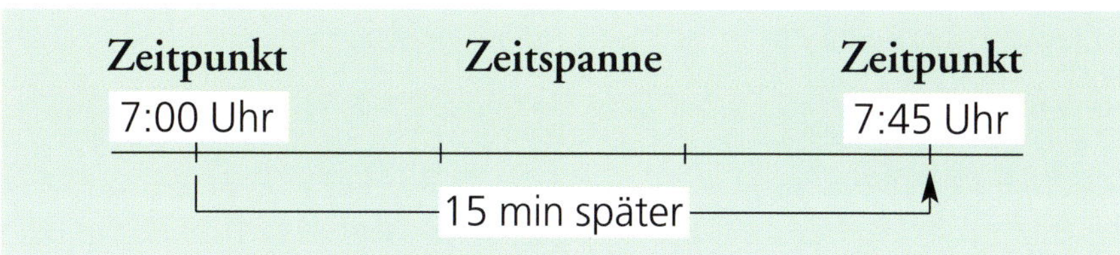

Der Unterschied zwischen „Zeitpunkt" und „Zeitspanne"

Schwere Sachen ganz leicht – Gewichte

■ Übung 1 ■

Hier brauchst du nicht zu rechnen!

Überlege für jeden abgebildeten Gegenstand:

- Wie viel wiegt er ungefähr?
- Was könnte etwa genauso viel wiegen?

Geschätztes Gewicht: ____________________

Das wiegt etwa genauso viel: ____________________

Geschätztes Gewicht: ____________________

Das wiegt etwa genauso viel: ____________________

Geschätztes Gewicht: ____________________

Das wiegt etwa genauso viel: ____________________

Geschätztes Gewicht: ____________________

Das wiegt etwa genauso viel: ____________________

Unsere Gewichtseinheiten

1 g 1 kg 1 t

Umrechnungen
1 t = 1 000 kg
1 kg = 1 000 g

Abkürzungen
g = Gramm
kg = Kilogramm
t = Tonne

■ Übung 2 ■

Mit der Fähre über den Rhein

Die Stadt Rüdesheim liegt am Rhein. Wenn man von Bingen nach Rüdesheim möchte, muss man mit einer kleinen Fähre fahren. Menschen, Gepäck, Autos, Kleinbusse und LKWs werden geladen. Sarah und Jonathan wundern sich ganz schön darüber, was so eine Fähre alles tragen kann.

80 kg   40 kg   2,500 t   1 500 kg   20 kg   10 kg   1 t

Ordne die Gewichte den Abbildungen zu.

1 Tonne hat 1 000 Kilogramm.

■ Übung 3 ■

Trage die Gewichte in eine Stellenwerttafel ein. Lies alle Gewichte in Tonnen:

1 t	100 kg	10 kg	1 kg	in t
0	0	8	0	0,08
0	0	4	0	
2	5	0	0	

■ Übung 4 ■

Die Fähre hat am frühen Morgen bei der ersten Überfahrt einiges geladen. Berechne die Last, wenn

- 2 Autos
- 1 Kleinbus
- 1 LKW und
- 8 Erwachsene

mitgenommen werden.

■ Übung 5 ■

Die Fähre darf höchstens 10 t Last aufnehmen. Bei einer Überfahrt werden 1 Kleinbus, 5 Autos, 4 Fahrräder, 10 Erwachsene und 15 Kinder mitgenommen.

a) Berechne das geladene Gewicht.

b) Darf ein zusätzlicher Kleinbus mit einem Erwachsenen auch noch auf die Fähre fahren?

1 500 kg

1 t

20 kg

40 kg

80 kg

■ Übung 6 ■

Familie Mellberg hat einen Kleinbus. Sarah und Jonathan haben darin genug Platz. Aber der Kleinbus darf ein bestimmtes Gewicht nicht überschreiten. Er darf höchstens mit 520 kg beladen werden. Jonathan rechnet:

Zulässiges Gesamtgewicht: 520 kg

Mutter und Vater sind 2 Erwachsene, also 2 · 80 kg = 160 kg.

Oma und Opa sind 2 Erwachsene, also 2 · 80 kg = _______ kg.

Sarah und ich sind 2 Kinder, also 2 · 40 kg = _______ kg.

Wir haben 5 Fahrräder, also 5 · 20 kg = _______ kg.

2 Koffer kommen mit, also 2 · 10 kg = _______ kg.

____ kg + ____ kg + ____ kg + ____ kg + ____ kg = ____ kg

Das ist genau das zulässige Gesamtgewicht.

■ Übung 7 ■

Sarah überlegt: Wie könnte der Kleinbus noch beladen werden, wenn die Last immer genau 520 kg betragen soll?

Sie legt eine Tabelle an:

Erwachsene	Kinder	Fahrräder	Koffer	zusammen:
4 · 80 kg = 320 kg	2 · 40 kg = 80 kg	5 · 20 kg = 100 kg	2 · 10 kg 20 kg	520 kg

Suche mindestens 5 Möglichkeiten.

■ Übung 8 ■

Verwandle in t.

So rechnest du kg in t um.

Beispiel:

75 800 kg = 75 t 800 kg = 75,800 t

5 245 kg = 5 t 245 kg = 5,245 t

Verwandle ebenso in t:

5 350 kg, 348 900 kg, 321 000 kg, 67 988 kg, 793 002 kg,
62 899 kg, 17 088 kg, 134 600 kg, 134 60 kg, 350 kg, 80 kg, 5 kg.

Übung 9

Der kleine Tonnenkönig

Ein Spiel für zwei bis sechs Personen

Schneide 42 Karten aus Tonpapier aus. Eine Karte soll 10 cm lang und 6 cm breit sein. Beschrifte sie so:

- Auf 4 Karten schreibst du: 0 kg
- Auf jeweils 5 Karten schreibst du die Gewichtsangaben: 100 kg, 200 kg, 300 kg, 400 kg und 500 kg.
- Auf jeweils weitere drei Karten schreibst du die Gewichtsangaben: 600 kg, 700 kg, 800 kg und 900 kg.
- Auf die letzte Karte schreibst du: 1 000 kg.

Zusätzlich braucht jeder Mitspieler einen leeren Jogurtbecher. Ein Korken, den du mit einer Papierkrone als König verzierst, ist der kleine Tonnenkönig.

Die Karten werden gleichmäßig an die Mitspieler verteilt und mit der Zahl nach unten hingelegt. In eine Hand nimmt jeder Spieler seinen Jogurtbecher. Der kleine Tonnenkönig wird in die Mitte gestellt. Reihum deckt nun jeder Spieler seine oberste Karte auf. Nach jeder neu umgedrehten Karte müssen alle offenen Karten beachtet werden: Ergibt die Summe der offen liegenden Gewichtsangaben genau eine Tonne (1 t), versuchen alle, schnell den Tonnenkönig mit dem Becher zu fangen. Wer ihn als Erster schnappt, bekommt alle umgedrehten Karten. Sieger ist, wer zum Schluss des Spiels die meisten Karten hat.

1 t = 1 000 kg

Übung 1

Hier sollst du nicht rechnen, sondern schätzen.

Überlege für jeden abgebildeten Gegenstand:

- Wie viel Flüssigkeit enthält er ungefähr?
- Was könnte etwa die gleiche Menge Flüssigkeit fassen?

Geschätzte Flüssigkeitsmenge: ____________

Das hat etwa genauso viel Inhalt: ____________

Geschätzte Flüssigkeitsmenge: ____________

Das hat etwa genauso viel Inhalt: ____________

Geschätzte Flüssigkeitsmenge: ____________

Das hat etwa genauso viel Inhalt: ____________

Unsere Maße zum Messen von Flüssigkeiten.

1 ml: ein Milliliter

1 l: ein Liter

$\frac{1}{4}$ l: ein Viertelliter

$\frac{1}{2}$ l: ein halber Liter

$\frac{3}{4}$ l: drei Viertelliter

Umrechnung
1 l = 1 000 ml

Übung 2

Das Festgelage

Ritter Kuno hält an seinem Geburtstag ein Fest ab. Dazu hat er 7 befreundete Ritter eingeladen. Nach dem Turnier geht es zum Festmahl. Der Mundschenk hat 16 Trinkbeutel mit je ½ l Inhalt vom besten Bier bereitgestellt.

16 Trinkbeutel für 8 Ritter, 2 Trinkbeutel gleich 1 Liter

a) Wie viel Bier kann jeder Ritter trinken, wenn alle gleich viel trinken?

Achtung: Kuno trinkt auch mit!

b) Ritter Kuno hat Angst, dass er zu wenig Bier hat. Er vermutet, dass jeder Ritter im Laufe des Abends 2 l Bier trinken wird. Wie viel Liter Bier fehlen dazu? Wie viel Trinkbeutel wären das?

■ **Übung 3** ■

Angenommen, Ritter Kuno lädt 15 Freunde zum Fest ein.

a) Jeder trinkt 1 l. Wie viel Liter Bier braucht Ritter Kuno dann?

b) Wie viel Liter braucht er, wenn jeder 2, 3, 4, 5, 6, 7, 8, 9, 10 l trinkt?

c) Wie viele Trinkbeutel zu ½ l sind das?

Tabelle für 16 Personen

Jeder trinkt l	1	2	3	4	5	6	7	8	9	10
insgesamt l	16									
Trinkbeutel	32									

■ **Übung 4** ■

Der Höhepunkt des Festgelages ist ein großes Fass Met. Met ist Honigwein und schmeckt den Rittern am besten, wenn sie ihn je zur Hälfte mit Wasser mischen. Acht Ritter möchten Met-Wasser-Schorle trinken. In einen Becher passen 0,25 l Getränk.

Reicht der Wasserbeutel mit 1,5 l Wasser, um alle mit dem Mischgetränk zu bedienen?

1 Liter = 2 halbe Liter
½ Liter = 2 Viertelliter
1 Liter = 4 Viertelliter

So rechnest du um.

Übung 5

Sarah erwartet bei ihrem Geburtstag 11 Freundinnen.
Die Mutter besorgt Getränke:

- einen Kasten Sprudel mit 12 Flaschen zu ½ l
- Orangensaft in Trinkbeuteln zu ¼ l

a) Wie viel Sprudel könnte jedes Kind trinken, wenn alle gleich viel trinken?

b) Mutter kauft für jedes Kind 2 Beutel Orangensaft.
- Wie viele Beutel kauft sie?
- Wie viel Liter sind das?

Übung 6

Stell dir vor: Es sind nur 5 Freundinnen gekommen! Sarah war deshalb zuerst ziemlich traurig. Aber dann ist es noch ein ganz toller Geburtstag geworden:

a) Wie viel Sprudel könnte jetzt jedes Kind trinken?

b) Wie viel Saft könnte jedes Kind trinken?

Achtung: Mit Sarah sind es 6!

■ Übung 7 ■

Diese Tabelle passt zu den Übungen 5 und 6. Fülle sie vollständig aus!

Kinder		12	6	4	3	2	1
Sprudelflaschen		1			4		
Saft	**Beutel**	2			8		
	l	½			2		

■ Übung 8 ■

Milch ist ein gesundes Getränk. Am meisten Milch geben die schwarz gefleckten Kühe. Sie können pro Jahr 20-mal so viel Milch produzieren, wie sie wiegen. Berechne die Milchmengen der einzelnen Kühe und fülle die Tabelle aus:

1 l Milch wiegt fast genau 1 kg

	Gewicht	**·10**	**·2**
Elsa	450 kg	4 500 kg = 4 500 l	9 000 l
Lisa	560 kg		
Leni	500 kg		
Paola	490 kg		
Susi	400 kg		

■ Übung 9 ■

Die Mülltonnen der Stadt fassen 120 l. In der Kastanienallee gibt es 15 Mülltonnen.

a) Wie viel Liter Müll kommen zusammen, wenn alle Mülltonnen voll sind?

b) Ein Müllwagen fasst 36 000 l Müll. Wie viele Straßen mit 15 Mülltonnen kann der Müllwagen abfahren, bis er voll ist?

1. Lösungsweg

1. Schritt: Wie viel Müll ist in 15 Mülltonnen einer Straße? (Aufgabe a)

2. Schritt: Müll einer Straße: ____________

Müll aller Straßen: ____________

Wie oft kann man den Müll einer Straße in den Wagen einfüllen, bis er voll ist?

Straßen	l
1	1 800
2	
· 10	· 10
	36 000

2. Lösungsweg

1. Schritt: Wie viele Mülltonnen machen den Müllwagen voll?

2. Schritt: 300 Mülltonnen werden auf Straßen aufgestellt, 15 Mülltonnen an jeder Straße. Wie viele Straßen mit 15 Mülltonnen sind es?

Mülltonnen	l
1	120
2	240
3	____
100	____
200	____
300	____

c) In der Hauptstraße stehen doppelt so viele Mülltonnen wie in der Kastanienallee. In wie vielen Straßen, die genauso lang sind wie die Hauptstraße, kann der Müllwagen den Inhalt der Mülltonnen aufnehmen, bis er voll ist?

Besondere Lösungshilfen

Skizzen helfen weiter

Eine Zeichnung macht die Aufgabe sichtbar.

Manchmal hilft eine einfache Zeichnung beim Lösen einer Sachaufgabe. Man nennt diese Zeichnung eine Skizze.

Bei den folgenden Aufgaben kannst du selbst überlegen, wie eine Skizze die Aufgabenlösung zeigen kann.

■ Übung 1 ■

Die Fahrradtour

Familie Mellberg ist am Wochenende gerne mit dem Fahrrad unterwegs. Sarah ist dieses Mal wirklich geschafft: „Puh, das war aber eine lange Tour!“, stöhnt sie. „Zuerst sind wir die 3 km bis zum Spielplatz gefahren, danach die lange Strecke zum Rastplatz im Wald. Nach der Pause sind wir weitere 5 km zu dem Aussichtsturm gefahren. Und dann gings noch mal auf demselben Weg zurück.“

Jonathan schaut auf seinen Tacho: „Stellt euch vor: Wir sind insgesamt 36 km gefahren!“

Eine Skizze hilft!

Wie lang ist die Strecke vom Spielplatz zum Rastplatz im Wald?

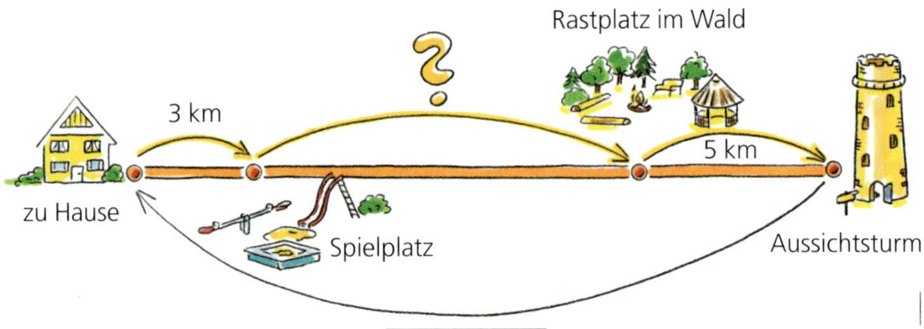

[ ] km

■ Übung 2 ■

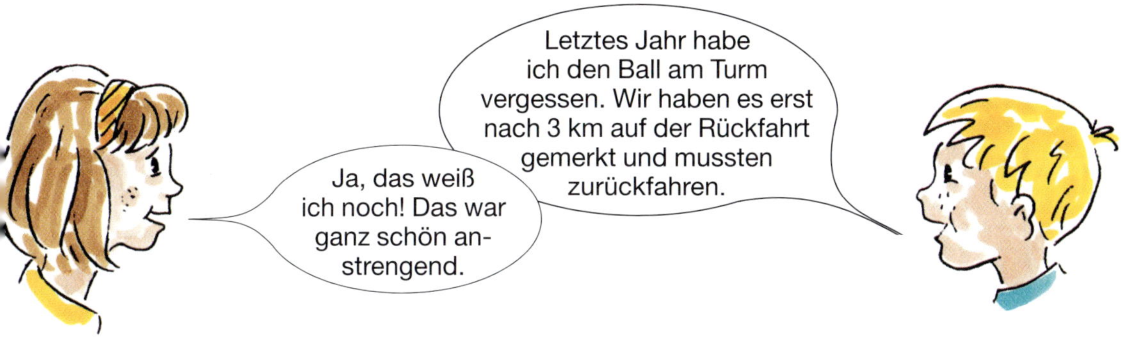

Zeichne den Umweg in die Skizze von Übung 1. Wie viele Kilometer war der Ausflug damals länger?

■ Übung 3 ■

Auf dem Waldparkplatz beim Aussichtsturm parken die Autos in einer Reihe hintereinander. In der Reihe stehen 8 Autos. Jedes ist 4,50 m lang. Zwischen den Autos ist jeweils ein Abstand von 1 m.

Wie lang ist die Reihe geparkter Autos?

Zeichne die Skizze fertig:

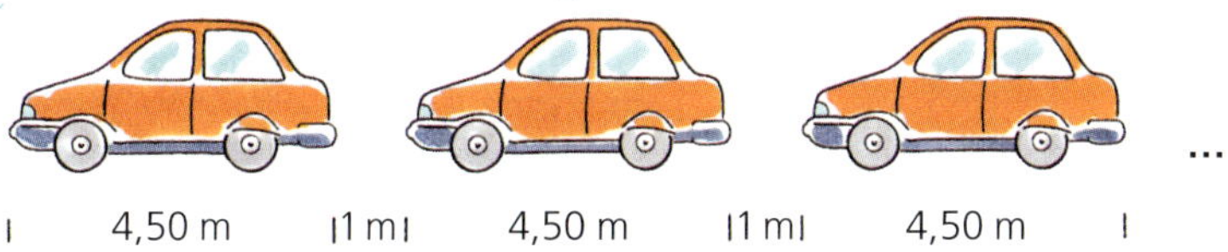

■ Übung 4 ■

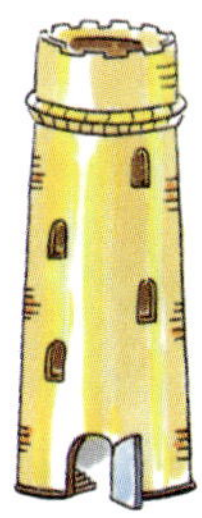

Der Aussichtsturm soll an einer Seite eingerüstet werden. Er ist 34 m hoch. Aus Sicherheitsgründen müssen die einzelnen Gerüstböden einen Abstand von je 2 m haben.

Wie viele Gerüstböden werden gebraucht?

■ Übung 5 ■

Familie Mellberg hat eine Wohnung gekauft. Der Grundriss ist im Maßstab 1:100 gezeichnet.

Was ist ein Maßstab?

Maßstab 1:100 bedeutet:

1 cm auf der Zeichnung ist 100 cm = 1 m in Wirklichkeit.

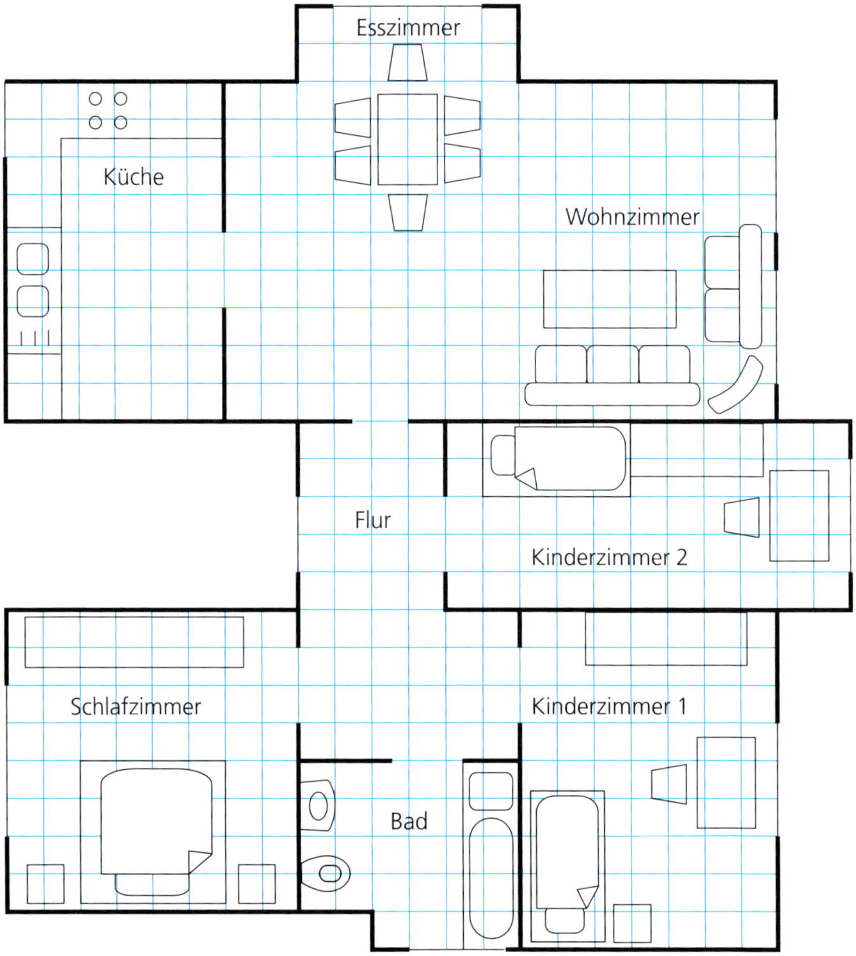

a) Wie lang und wie breit sind die Kinderzimmer?
Welches ist größer?

b) Wie lang darf der Schlafzimmerschrank höchstens sein, damit er noch ins Schlafzimmer passt?

Übung 6

Der Schreibtisch von Jonathan ist 1,60 m lang und 80 cm breit. Zeichne den Schreibtisch im Maßstab 1:100.

Übung 7

Familie Mellberg hat einen 5 m langen und 1 m breiten Teppichläufer. Kann er in der neuen Wohnung ausgelegt werden?

Zeichne den Teppichläufer im Maßstab 1:100, schneide ihn aus und versuche, ihn in die Wohnungszeichnung von Seite 50 passend hineinzulegen.

Zeichnen – ausschneiden – anlegen!

Übung 8

Die neue Wohnung liegt in der Waldallee 14. Hier werden gerade entlang der Straße neue Bäume gepflanzt. Es werden 10 Bäume gesetzt. Jeder Baum braucht ein 1 m breites Pflanzloch. Zwischen den Pflanzlöchern sind jeweils 5 m Abstand.

- Wie lang ist die Straße?
- Welche Skizze passt?

a) 

b) 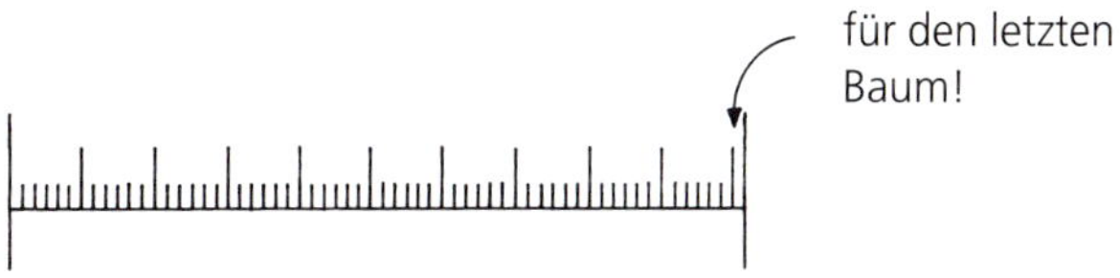

Fragen und Antworten

So stellst du die richtigen Fragen.

Meist steht bei einer Sachaufgabe die Frage schon dabei. Manchmal jedoch nicht. Wie du selbst die richtige Frage findest, kannst du hier üben.

■ Übung 1 ■

Jonathan darf sich zu Weihnachten Inliners aussuchen. Zusammen mit der Schutzausrüstung darf er aber nicht mehr als 260 DM ausgeben.

Schutzausrüstung
~~99,90~~ jetzt 59,90

Ia-Skate
~~279,90~~
jetzt 209,90

Super-Skate
~~299,90~~
jetzt
199,90

Prima-Skate
~~259,90~~
jetzt 179,90

Was fragt Jonathan? Male die Sprechblasen bunt aus, die für die Aufgabe wichtig sind:

Überlege dir auch, was Jonathan jetzt rechnen muss, um auf seine Fragen die richtigen Antworten zu erhalten.

■ Übung 2 ■

Jonathan darf kurz nach Weihnachten das erste Mal mit seinen Inline-Skates fahren. Um 14:30 Uhr fährt er los. Um 16:45 Uhr sollte er wieder zu Hause sein, weil es dann dunkel wird.

Frage: ____ ?

Von ihrem ersparten Geld (200 DM) möchte Sarah Inliners kaufen. Sie hätte gerne die Inliners zu 179,90 DM und die Schutzausrüstung.

Frage: ____ ?

Beantworte außerdem die beiden Fragen!

■ Übung 3 ■

Sarah möchte Weihnachtskarten basteln. Dazu kauft sie 5 Bogen Tonpapier, 4 m farbiges Band und 3 Bogen Wellpappe. Ein Bogen Tonpapier kostet 1,95 DM, 1 m Band kostet 1,80 DM und ein Bogen Wellpappe kostet 2,25 DM. Sarah bezahlt mit zwei 20-DM-Scheinen.

a) Nummeriere die Fragen in einer sinnvollen Reihenfolge:
- Wie viel kostet das Tonpapier?
- Wie viel muss Sarah insgesamt bezahlen?
- Wie viel Geld bekommt Sarah zurück?
- Wie viel kostet die Wellpappe?
- Wie viel kostet das Band?

b) Beantworte alle Fragen.

Übung 4

Auf dem Weihnachtsmarkt

Jonathan und Sarah gehen auf den Weihnachtsmarkt. Dort sehen sie eine wunderschöne Spielzeugeisenbahn mit Zubehör.

Lokomotive ~~29,80~~ DM *jetzt die Hälfte!*	Waggons 19,50 DM
Weiche 7,80 DM	Bahnhof 17,95 DM
Schiene 5,30 DM	

Sie möchten die Lokomotive, 2 Waggons, 1 Bahnhof, 10 Schienenteile und 3 Weichen kaufen.

Das Wichtigste ist, dass du die richtigen Fragen findest!

Hier siehst du 10 Fragen. Nur 5 davon helfen dir, die Aufgabe zu lösen. Suche diese 5 Fragen, nummeriere und beantworte sie in der richtigen Reihenfolge.

- Wie viel kostet die Lokomotive jetzt?
- Wie viel kostet der Bahnhof?
- Wie viel kostet eine Schranke?
- Wie viel kostet alles zusammen?
- Wie viel kosten 10 Schienenteile?
- Wie viel kosten 2 Waggons?
- Wie viel kosten 3 Waggons?
- Wie viel kosten 3 Weichen?
- Wie viel kosten 2 Lokomotiven?
- Schneit es heute?

■ Übung 5 ■

Zu jeder Aufgabe gehört genau eine Antwort. Findest du sie?

1. Auf dem Weihnachtsmarkt stehen 1998 doppelt so viele Stände wie fünf Jahre zuvor. Damals waren es 16 Stände. Wie viele Stände sind es 1998?

2. Am Würstchenstand werden 250 Würstchen angeliefert. Am Vormittag werden 35 Würstchen verkauft. Am Nachmittag werden 78 Würsten verkauft und am Abend 105. Wie viele Würstchen bleiben an diesem Tag noch übrig?

3. Jonathan bemerkt: „Heute in drei Wochen ist Heiligabend." Wie viele Tage sind das noch?

4. Jonathans Opa hat am ersten Weihnachtstag Geburtstag. Er ist 58 Jahre älter als Jonathan. Jonathan ist 11 Jahre alt.

Antworten:

- Das sind noch 21 Tage.
- Jonathans Opa hat am 25. Dezember Geburtstag.
- Es sind 32 Stände.
- Er ist 69 Jahre alt.
- Es bleiben noch 32 Würstchen übrig.
- Am 24. Dezember ist Heiligabend.
- 218 Würstchen wurden insgesamt verkauft.
- 1993 waren es 16 Stände.
- 1990 waren es 10 Stände.
- In drei Wochen ist Heiligabend.
- Jonathan ist 58 Jahre jünger als Opa.

Trage hier die Nummern der passenden Fragen ein!

Aufgaben selber schreiben

■ Übung 1 ■

Sarah und Jonathan basteln.

Hier sind einzelne Aufgabenteile durcheinander geraten. Es gehören immer 4 Teile zusammen – je eins mit einem Herz, einem Stern, einem Kreis und einem Quadrat:
❤ ✱ ● ◆

Finde die Aufgaben und löse sie.

Wie viel muss Jonathan für das Holz bezahlen? ◆

Jonathan baut einen Drachen aus Holz und Transparentpapier. ❤

Ein Bogen Tonpapier kostet 1,95 DM und ein Bogen Pappe kostet 2,00 DM. ●

Dazu braucht sie Tonpapier und Pappe. ✱

Wie viel muss sie bezahlen, wenn sie 2 Bogen Tonpapier und 3 Bogen Pappe kauft? ◆

Sarah möchte Osterkarten basteln. ❤

1 m Holzleiste kostet 5,00 DM. ●

Er braucht ein 50 cm langes und ein 30 cm langes Holzstück. ✱

■ Übung 2 ■

Im Freibad ist viel los:

Am Wochenende zählt der Bademeister das Geld in seiner Kasse. Er möchte die Einnahmen der vergangenen Woche errechnen.

Hier sind viele verschiedene Informationen. Kreuze an, welche davon der Bademeister für seine Rechnung braucht, und schreibe dann eine Aufgabe damit.

- Erwachsene Badegäste zahlen 4 DM.
- Am Montag war Regenwetter.
- Sarah und Jonathan waren in der letzten Woche dreimal im Freibad.
- Kinder zahlen die Hälfte.
- Am Montag waren es 365 Badegäste.
- Am Dienstag waren es weniger Badegäste als am Montag.
- Mittwoch, Donnerstag und Freitag haben zusammen 480 Erwachsene und 636 Kinder das Bad besucht.
- Am Montag und Dienstag wurden 312 Eintrittskarten für Kinder verkauft.
- Letzte Woche kamen 975 Erwachsene ins Freibad.
- Es waren insgesamt in der letzten Woche doppelt so viele Kinder wie Erwachsene im Freibad.
- Der Bademeister ist 45 Jahre alt.
- Am Dienstag war es sehr kühl.

Unsere Umwelt

Unser Körper

Wusstest du, dass deine Nase über 10 000 Gerüche unterscheiden kann, dass deine Haut so groß ist wie 32 aneinander gefügte große Heftseiten und dass die Nahrung in deinem Körper ungefähr 8 m zurücklegt?

■ Übung 1 ■

Wenn du dein Körpergewicht durch 6 teilst, erhältst du das Gewicht deiner Haut. Wie viel wiegt deine Haut, die Haut deiner Freundin oder deines Freundes?

0,1 l

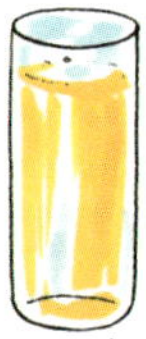
0,2 l

0,25 l

0,3 l

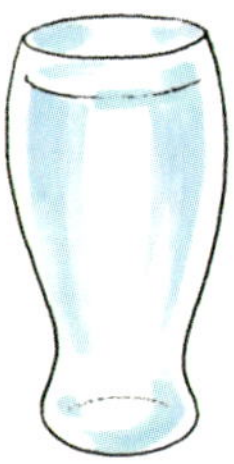
0,5 l

■ Übung 2 ■

Der tägliche Flüssigkeitsbedarf des Menschen beträgt 2,5 l. Jonathan überlegt: „In unserem Küchenschrank stehen verschiedene Gläser. Meine Lieblingsgetränke sind Kakao, Milch, Apfelsaft, Sprudel und Limonade.“

Wie könnte Jonathans Getränkeplan für Montag, Dienstag und Mittwoch aussehen?

Montag: *Morgens 0,5 l Milch. Mittags zwei 0,2-l-Gläser Apfelsaft, am Nachmittag drei 0,3-l-Gläser Sprudel und ein 0,1-l-Glas Limonade. Nach dem Sport 0,3 l Sprudel und am Abend 0,1 l Kakao und 0,2 l Apfelsaft.*

Dienstag: ______________________________

Mittwoch: ______________________________

■ Übung 3 ■

Ein Bissen braucht in der Speiseröhre für 4 cm ungefähr 1 s. Wie lange braucht der Bissen, bis er im Magen ist, wenn die Speiseröhre 28 cm lang ist?

■ Übung 4 ■

Wirbelsäule und Rücken

Rückenschmerzen kommen meist vom falschen Sitzen. Kennst du Sitzbälle und Ballkissen? Auf dem Sitzball kann man statt auf einem Stuhl sitzen. Die Wirbelsäule ist dabei immer in Bewegung, weil man das Gleichgewicht ständig durch ganz leichtes Schaukeln halten muss. Ein Ballkissen ist mit Luft gefüllt und wird zum gesunden Sitzen auf einen Stuhl gelegt.

- Ein Ballkissen kostet 39,90 DM.
- Ein Sitzball kostet 49,90 DM.

Jonathan berechnet die Kosten für Familie Mellberg, wenn Vater und Mutter je ein Sitzkissen möchten und Sarah und Jonathan gerne je einen Sitzball hätten:

$2 \cdot 39{,}90\,\text{DM} = 2 \cdot 40\,\text{DM} - 2 \cdot 10\,\text{Pf} = 80\,\text{DM} - 20\,\text{Pf} = 79{,}80\,\text{DM}$

$2 \cdot 49{,}90\,\text{DM} = 2 \cdot 50\,\text{DM} - 2 \cdot 10\,\text{Pf} = 100\,\text{DM} - 20\,\text{Pf} = 99{,}80\,\text{DM}$

$79{,}80\,\text{DM} + 99{,}80\,\text{DM} = 179{,}60\,\text{DM}$

a) Berechne die Kosten für 3 Sitzbälle und 4 Ballkissen.

b) Eine Schule soll mit 30 Sitzbällen und 40 Ballkissen ausgestattet werden. Kannst du den Betrag geschickt berechnen?

In der Schule

Wie viele Kinder seid ihr in deiner Klasse? Wie viel kostet die Schulmilch? Was muss jeder für den Schulausflug bezahlen? Wie viele Stunden Schule hast du in einem Jahr? Wie lang ist dein Schulweg? …

Übung 1

Angenommen, in einer Klasse sind 32 Schülerinnen und Schüler. Fülle die Tabelle aus, indem du multiplizierst oder dividierst.

Rechne in der zweiten Spalte mit der Anzahl der Schüler in deiner Klasse:

	bei 32 Schülern	bei ? Schülern
Anzahl der Augen		
Anzahl der Ohren		
Anzahl der Schultaschen		
Anzahl der Hände		
Anzahl der Finger		
Jeder hat 2 Bücher		
Jeder hat 4 kleine Hefte		
Die Hälfte sind Mädchen		
Ein Viertel sind Schwimmer		
Ein Achtel sind im Sportverein		

■ Übung 2 ■

Schwere Schultaschen

Ist deine Schultasche nicht zu schwer? Sie sollte vollgepackt nicht mehr als ein Zehntel deines Körpergewichts wiegen! Sonst kannst du Probleme mit dem Rücken und den Füßen bekommen. Deine Schultasche sollte leer auch nicht schwerer sein als 1,2 kg. Und du trägst sie am besten immer auf dem Rücken.

„Ein Zehntel" bedeutet: „der zehnte Teil". 1,2 kg ist ein Zehntel von 12 kg.

a) Wie viel darf deine gepackte Schultasche höchstens wiegen? Wie viel wiegt dann der Inhalt?

b) Wie viel könnte ein Kind wiegen, dessen Ranzen in gepacktem Zustand 3,5 kg wiegt?

c) Ein Mäppchen und ein Buch wiegen zusammen 900 g. Das Mäppchen und 4 Hefte wiegen zusammen 800 g. Die 4 Hefte und das Buch wiegen zusammen 700 g. Wie schwer ist das Mäppchen?

Überlege und probiere aus! Die Bilder helfen dir.

Auf dem Bauernhof

Warst du schon einmal auf einem Bauernhof? Außer Tieren gibt es hier auch Landwirtschaft und wenn man genau hinschaut, gibt es erstaunlich viel zu rechnen. Du kannst beim Lösen der Aufgaben die Reihenfolge übrigens selbst bestimmen.

■ Übung 1 ■

Ei – Ei – Ei!

Eine Henne legt im Jahr ungefähr 250 Eier. Bauer Schmitz besitzt 24 Hennen. Er verkauft die Eier. Die Hennen legen je zur Hälfte große und kleine Eier. Für ein großes Ei verlangt er 30 Pf, für ein kleineres Ei 25 Pf.

a) Berechne, wie viel Geld Bauer Schmitz im Jahr durch den Verkauf der Eier einnimmt.

b) Bauer Schmitz möchte seinen Hühnerstall weiter ausbauen und 18 000 Eier im Jahr verkaufen.
- Wie viele Hühner muss er dazu kaufen?
- Wie viel Geld nimmt er dann beim Verkauf der 18 000 Eier ein?

■ Übung 2 ■

Denk dran: Ein Jahr hat 52 Wochen!

Wenn man den Rahm von 24 l Milch nimmt, kann man daraus 1 kg Butter herstellen. Ein Päckchen Butter wiegt 250 g. Denke dir selbst eine Frage dazu aus und rechne dann.

Ernst und Eva Kluge brauchen in der Woche ¼ kg Butter. Wie viel Milch ist nötig, um den Jahresbedarf an Butter für die Kluges herzustellen?

■ Übung 3 ■

Ein Weizenfeld ist 80 m lang und 40 m breit. Bauer Schmitz braucht mit dem Mähdrescher 6 Stunden, um das Feld abzumähen und den Weizen zu dreschen.

Ernte im August

a) Wie lange würde er für ein Feld brauchen, das 80 m lang ist und 80 m breit? Wie lange würde er für ein Feld brauchen, das 80 m lang ist und 20 m breit?

b) In der Woche darauf fährt er mit seinem Schwager auf 2 Mähdreschern und sie möchten zwei Felder mähen. Eins ist 80 m lang und 20 m breit, eins ist 40 m lang und 40 m breit. Wie lange brauchen die beiden zum Mähen?

c) Wie lange hätten Bauer Schmitz und sein Schwager gebraucht, um das Weizenfeld mit 80 m Länge und 40 m Breite zu mähen, wenn sie das mit den 2 Mähdreschern gemacht hätten?

Versuche die Felder aufzuzeichnen. Nimm für 1 m Feldlänge auf dem Papier 1 mm.

Die Welt der Tiere

Im Tierlexikon findest du noch mehr erstaunliche Zahlen über Tiere!

Suche dir die Tieraufgaben aus, die dich interessieren. Du wirst erstaunt sein über manche Zahlen, wenn du die Aufgaben gelöst hast!

Übung 1

Giraffen sind wirklich wache Tiere. Sie schlafen jeden Tag nur 6 Minuten.

Löwen sind dagegen faul. Sie dösen bis zu 20 Stunden am Tag.

Ein Jahr hat 365 Tage (wenn es kein Schaltjahr ist).

- Wie viele Minuten schlafen Giraffen in einem Jahr und wie viele Stunden sind das? Ist das länger als eine Woche?
- Wie viele Stunden im Jahr dösen Löwen? Ist das länger als ein halbes Jahr?
- Wie viele Stunden im Jahr schläfst du? Überlege zunächst, wie viele Stunden du pro Nacht schläfst.

Übung 2

Tiernachwuchs

Hier kannst du auf verschiedene Arten rechnen!

Ein Reh bekommt einmal im Jahr 2 Junge. Ein Hase bekommt fünfmal im Jahr 7 Junge und ein Affe einmal im Jahr ein Affenbaby.

Wie viele Tierjunge sind das zusammen in 5 Jahren?

Übung 3

Wale

Blauwale sind vom Aussterben bedroht. Die Menschen haben durch die Jagd auf Wale die Anzahl der noch lebenden Blauwale stark vermindert. Heute gibt es nur noch ungefähr 2 000 Blauwale. Vor 50 Jahren waren es 100 000 und vor 100 Jahren waren es ungefähr 450 000.

Überlege bitte selbst, was du alles rechnen kannst.

Übung 4

Fütterung im Zoo

Ein Zoo muss für viel Tierfutter sorgen. Die meisten Nahrungsmittel für die Tiere kommen vom Großhandel oder einfach vom Bauern.

Futter	jährliche Mengen	monatliche Mengen
Futterrüben	99 600 kg	
Fleisch	42 000 kg	
Fische	21 000 kg	
Getreide	31 200 kg	
Obst	99 960 kg	
Gemüse	62 400 kg	
Heu	302 400 kg	

Was meinst du, wie viel Obst und Gemüse du im Jahr isst?

Vergleiche die Futtermengen und ordne die Gewichtsangaben nach der Größe.

Manche Nahrungsmittel werden monatlich eingekauft. Kannst du den jeweiligen Bedarf berechnen?

■ Übung 5 ■

Elefantenfütterung

Ein Elefant braucht jede Woche 150 kg Pflanzennahrung. Ein Heuballen wiegt 5 kg, ein Sack voll Gras ungefähr 10 kg. Zur Verfügung stehen noch Hafer (abgepackt in Säcken zu je 3 kg oder 8 kg), Karotten im 2-kg-Pack und altes Brot in Säcken zu je 5 kg.

Stelle einen Nahrungsplan für einen Elefanten für fünf Wochen zusammen. Achte dabei möglichst auch auf eine ausgewogene Ernährung!

Hier hilft dir eine Tabelle!

	Heu 5 kg	Gras 10 kg	Hafer 3 kg	Hafer 8 kg	Karotten 2 kg	Brot 5 kg
150 kg	6	4	2	3		4
150 kg	10	1		5	5	
150 kg			1		1	1
150 kg				10	4	2
150 kg						

■ Übung 6 ■

Elefantengewichte

Ein Elefant wiegt ungefähr 5 000 kg, das sind fünf Tonnen. Wie viele Kinder wiegen so viel wie ein ausgewachsener Elefant? Nimm zum Vergleich 35 kg, das könnte ungefähr dein Körpergewicht sein.

Die dicke Haut des Elefanten wiegt schon allein 1 000 kg. Den wievielten Teil des Gesamtgewichts macht demnach das Gewicht der Haut aus?

Übung 7

Haustiere

Setze die richtigen Größeneinheiten in die Lücken.

Katze Mona hat eine Länge von 40 ________, ein Gewicht von 4________, hellgrüne Augen und ein hellbraunes Fell. Am liebsten frisst sie ein besonderes Katzenfutter aus der Dose. Eine Dose kostet 79 ________. Zusätzlich zum Futter muss man Katzenstreu kaufen. Hier kostet ein 10-________-Beutel 6,99 ________. Katzen verschaffen sich ihren Ausgang selbst und sind im Sommer fast jeden Tag 8 ________ draußen unterwegs.

Die Anschaffungskosten für einen **Hund** können weit über 1 000 ________ liegen. Ein Hund braucht viel Bewegung, deshalb muss man insgesamt mindestens 2 ________ am ________ mit ihm spazieren gehen.

Ein **Wellensittich** möchte immer einen Partner im Käfig haben. Wellensittiche bekommt man beim Züchter schon für 19 ________, seltene Sorten kosten im Zoogeschäft bis zu 60 ________. Wellensittichjunge sind winzig. Sie wiegen höchstens 12 ________ und sind noch ganz tollpatschig. Ein Käfig sollte schon 30 ________ breit und 50 ________ lang sein. Stangen aus Holz sind für die Vögel gut zum Nagen.

cm
DM
DM
l
cm
DM
DM
kg
h
Pf
Tag
h
g
cm

Eine Reise durch Europa

Frankreich: Rechne mit DM und FF.

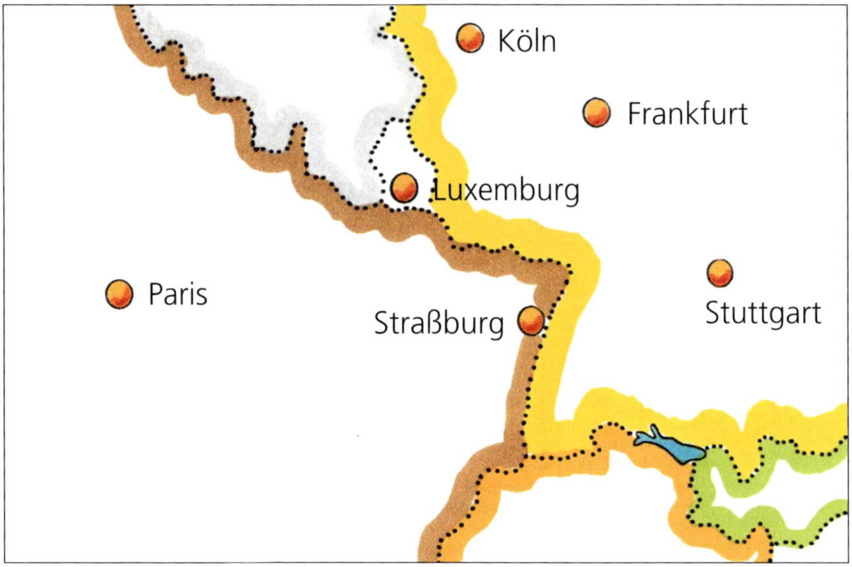

Der Eiffelturm in Paris

Die Eltern von Sarah und Jonathan planen an Pfingsten eine Reise nach Paris. Ihr Vater kauft auf der Bank Französische Francs (abgekürzt FF).

100 DM = 300 FF

■ Übung 1 ■

Er überlegt:

Für	300 FF	bezahle ich	100 DM.
Für	600 FF	bezahle ich	200 DM.
Für	1 200 FF	bezahle ich	______ DM.
Für	2 400 FF	bezahle ich	______ DM.
Für	4 800 FF	bezahle ich	______ DM.

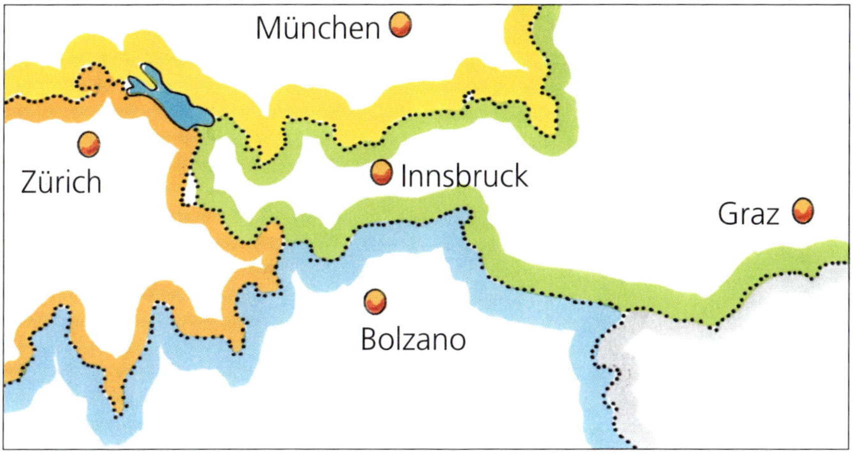

Österreich: Rechne mit DM und ÖS (ATS).

Sarah und Jonathan fahren mit ihren Eltern in den Sommerferien nach Österreich. Vater kauft bei der Bank österreichische Schillinge (abgekürzt ÖS oder auch ATS, aus dem Englischen: „Austrian Shilling“).

100 DM = 700 ÖS

Übung 2

Er überlegt: Für die Unterkunft in Österreich bezahlen wir an jedem Tag 700 ÖS. Dann sind das für eine Woche 7-mal so viel ÖS. Wie viel DM muss er für zwei Wochen Unterkunft umtauschen?

Übung 3

Sarah und Jonathan machen auch jetzt wieder eine Tabelle zum Umrechnen. Schreibe die Tabelle bis 1 000 DM in dein Heft.

DM	ÖS
100	700
	1 400
...	
1 000	7 000

Italien: Rechne mit DM, ÖS und LIT.

Ein Sonntagsausflug führt die ganze Familie nach Bolzano (Bozen) in Südtirol/Italien. Also kaufen die Eltern von Sarah und Jonathan auf einer österreichischen Bank italienische Lire (abgekürzt LIT).

700 ÖS = 100 000 LIT

■ **Übung 4** ■

Jonathan macht wieder eine Tabelle zum Umrechnen:

200 000 LIT = 1 400 ÖS; 300 000 LIT = …

Rechne im Heft weiter bis zu 1 000 000 LIT.

■ **Übung 5** ■

Weißt du noch? 1 Woche kostet 4 900 ÖS.

Sarah möchte wissen, wie viel ihre Unterkunft für zwei Wochen in Italien kosten würde. Kannst du das auch ausrechnen?

LIT	ÖS	Rechnung	DM
100 000	700	: 7	
200 000		: 7	
300 000		: 7	
400 000		: 7	400
500 000		: 7	
600 000		: 7	
700 000		: 7	
800 000		: 7	

Rechne in deinem Heft weiter bis zu 1 000 000 LIT.

In Europa gibt es bald in verschiedenen Ländern das gleiche Geld, den „Euro". Sarah und Jonathan machen eine Umrechnungstabelle für DM/FF/Euro (abgekürzt EUR).

Der Euro

100 EUR = 200 DM

■ Übung 6 ■

Schreibe die Tabelle von Sarah und Jonathan in dein Heft und rechne weiter bis 1 000 Euro.

EUR	DM	FF
100	200	600
200		
	600	
400		
500		
	↓	↓ 2 400

■ Übung 7 ■

Schreibe die Wertangaben aus der Tabelle in Euro oder DM.

Ware	DM	EUR
500 g Kaffee „Auslese"	14,00	7,00
500 g Kaffee „Mild"	13,00	
500 g Kaffee Sorte 1		6,00
500 g Kaffee Sorte 2	12,80	
500 g Kaffee Sorte 3	11,00	
500 g Kaffee „Sonderangebot"	9,80	

1 Euro = 100 Cent

Kleines Sachaufgaben-Lexikon

Addieren
Das bedeutet zusammenzählen, also + rechnen.
Beispiel: Addiere die Zahlen 10 und 20: 10 + 20 = 30.

Betrag
So nennt man manchmal eine Geldmenge.
Beispiel: Im Geldbeutel ist ein Betrag von 20 DM.

Das Dreifache
Du musst „mal 3“ rechnen.
Beispiel: Das Dreifache von 5 ist 15, denn 5 · 3 = 15.

Das Doppelte
Manchmal heißt es auch „verdoppeln“. Das bedeutet: „mal 2“.
Beispiel: Das Doppelte von 14 ist 28, denn 14 · 2 = 28.

Der fünfte Teil
Manchmal heißt es auch ein Fünftel. Dafür musst du durch 5 teilen.
Beispiel: Der fünfte Teil von 100 ist 20, denn 100 : 5 = 20.

Die Hälfte
Manchmal heißt es auch „halbieren“. Das bedeutet: „durch 2“.
Beispiel: Die Hälfte von 100 ist 50, denn 100 : 2 = 50.

Differenz
Das ist das Ergebnis einer Minus-Rechnung. Man kann auch „Unterschied“ dazu sagen.

Beispiel: Schulmilch kostet 80 Pf. Der Kakao kostet 1,20 DM. Die Differenz beträgt 40 Pf, denn 120 Pf – 80 Pf = 40 Pf.

Dividieren

Das bedeutet teilen, also : rechnen.
Beispiel: „Dividiere 32 durch 4" schreibt man als Rechnung: 32 : 4 = 8.

Faktor

So heißt eine Zahl, mit der multipliziert, also malgenommen wird.
Beispiel: Bei der Rechnung 2 · 3 = 6 sind die Zahlen 2 und 3 die Faktoren.

Fläche, Flächeninhalt

Du berechnest den Flächeninhalt eines Rechtecks, indem du seine Länge mit der Breite multiplizierst.
Beispiel: Die Fläche dieses Rechtecks beträgt 30 Kästchen, denn die Länge beträgt 6 Kästchenseiten und die Breite 5 Kästenseiten. 6 · 5 = 30.

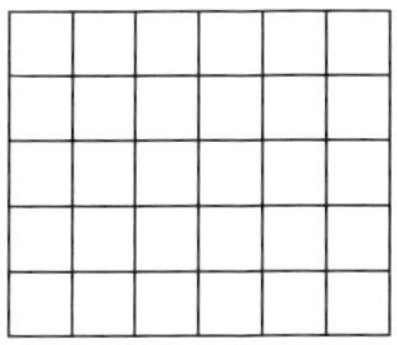

Geschwindigkeit

Sie gibt an, wie schnell etwas oder jemand ist. Die Geschwindigkeit wird in km/h, also Kilometer pro Stunde gemessen.
Beispiel: „Ein Auto fährt mit 120 km/h auf der Autobahn" bedeutet, dass das Auto pro Stunde 120 km weit kommt.

Maßstab
Der Maßstab ist das Verhältnis zwischen einem Bild und der Wirklichkeit.

Beispiel: Eigentlich ist der Wellensittich 20 cm lang. Im Maßstab 1:10 ist 1 cm auf der Zeichnung wie 10 cm in Wirklichkeit.

Multiplizieren
Das bedeutet malnehmen, also · rechnen.
Beispiel: Multipliziere 3 mit 6 – 3 · 6 = 18.

Reduzieren
Das bedeutet verringern, kleiner machen.
Beispiel: Das Kinderfahrrad wurde von 549 DM auf 499 DM reduziert.

Subtrahieren
Das bedeutet abziehen, also – rechnen.
Beispiel: Subtrahiere 30 von 100 – 100 – 30 = 70.

Summe
Sie ist das Ergebnis einer Plusrechnung.
Beispiel: Im Theater waren 45 Kinder und 60 Erwachsene. Berechne die Summe der Personen: 45 + 60 = 105.
Es waren 105 Personen im Theater.

Teiler
So heißen alle Zahlen, durch die eine Zahl ohne Rest teilbar ist.
Beispiel: Die Zahlen 1, 2, 3, 4, 6 und 12 heißen Teiler der Zahl 12, weil 12 sich durch diese Zahlen ohne Rest teilen lässt.

Umfang

Du berechnest den Umfang eines Rechtecks, indem du alle vier Seiten addierst, also Länge plus Länge plus Breite plus Breite.

Beispiel: Ein Rechteck ist 6 cm lang und 5 cm breit. Der Umfang beträgt 6 cm + 6 cm + 5 cm + 5 cm = 22 cm.

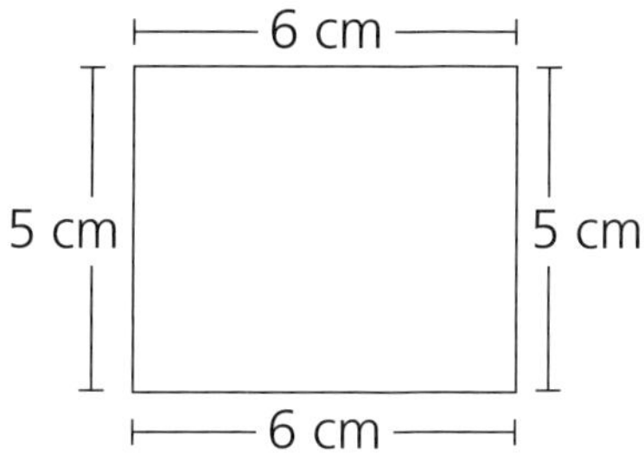

Überschlag

Das ist ein gerundetes Ergebnis.

Beispiel: Der Flug kostet 595 DM, das Hotel 699 DM, die Stadtrundfahrt 98 DM und die Strandkorbmiete 95 DM. Reichen 1 500 DM? Überschlage! Überschlag: 595 DM sind ungefähr (gerundet) 600 DM, 699 DM sind ungefähr (gerundet) 700 DM, 98 DM sind ungefähr (gerundet) 100 DM, 95 DM sind ungefähr (gerundet) 100 DM.
600 DM + 700 DM + 100 DM + 100 DM = 1 500 DM.
Das Geld reicht also aus.

Zu je

Damit ist gemeint, dass die Angabe für jedes Ding gilt.

Beispiel: Ich kaufe 7 Lutscher zu je 20 Pf. Das heißt: Jeder Lutscher kostet 20 Pf, alle Lutscher zusammen kosten
$7 \cdot 20$ Pf = 140 Pf = 1,40 DM.

Liebe Eltern, liebe Nachhilfelehrerin, lieber Nachhilfelehrer

So können Sie helfen.

Damit Sie Ihr Kind, Ihre Schülerin oder Ihren Schüler optimal beim Lernen unterstützen können, hier einige Tipps.

Erfahrungsgemäß können Schwierigkeiten besonders in den folgenden Bereichen auftreten:

Lesen oder Sprachverständnis

Lassen Sie dem Kind Zeit, lassen Sie das Kind eigene Erfahrungen mit dem Sachverhalt erzählen, spielen Sie Situationen nach, erzählen Sie sie gemeinsam nach oder lassen Sie das Kind ein Bild zum Sachverhalt malen.

Vorstellung der Größen

„Stützpunktvorstellungen"

Helfen Sie, dem Kind „Stützpunktvorstellungen" von gängigen Größen zu bilden. Einige Beispiele: Eine Tafel Schokolade verkörpert das Gewicht 100 g, in einen normalen Haushaltseimer passen 10 l Wasser …

Grundrechenarten

In den ersten Kapiteln werden gezielte Wiederholungen großer Zahlen und der vier Grundrechenarten angeboten. Diese Übungen können Sie entweder an den Anfang stellen oder auch zwischen den Übungen zum Sachrechnen einsetzen.

Die richtigen Fragen stellen

Kinder stellen von Natur aus Fragen. Akzeptieren Sie auch Fragestellungen zum Sachverhalt von Aufgaben, die zunächst nicht relevant für die mathematische Lösungsfindung sind. Besprechen Sie mit dem Kind die Fragen und sortieren Sie gemeinsam nach „wichtigen“ und „unwichtigen“ Fragen und Antworten.

Lösungsansätze finden

Im Kapitel „Besondere Lösungshilfen“ (ab Seite 44) und bei den „Tipps zum Lösen von Sachaufgaben“ (Seiten 22 und 23) werden Möglichkeiten aufgezeigt, die bei der Lösung bestimmter Aufgabentypen helfen. Auch in den übrigen Kapiteln finden Sie immer wieder Anregungen für mögliche Lösungswege.

Der Arbeitsplatz

Wichtig ist ein fester **Arbeitsplatz,** an dem das Kind in Ruhe üben kann. Auch eine regelmäßige Übungszeit ist günstig. Lassen Sie dem Kind Zeit, sich zunächst alleine mit den Aufgaben zu beschäftigen und selbst aktiv zu werden. Geduld ist wirklich ein Zauberwort! Helfen Sie, indem Sie Anregungen zum selbstständigen Handeln geben. Das Buch ist so konzipiert, dass die Kinder selbstständig damit üben können. Schaffen Sie ein entspanntes Arbeitsklima.

Alltagssituationen nutzen

Manchmal bietet es sich an, einfache Dinge zur **Veranschaulichung** heranzuziehen – beispielsweise eine Packung Eier oder ein Päckchen Butter bei den Aufgaben zum Bauernhof. Versuchen Sie, auch im Alltag Situationen bewusst zu nutzen, zum Beispiel so:

- Beim gemeinsamen Einkauf darf das Kind bezahlen.
- Beim Backen oder Kochen schätzen Sie gemeinsam das Gewicht von Lebensmitteln.

LÖSUNGEN

Mit Zahlen und Zeichen

Seite 8

Übung 1

1, 2, 4, 8, 16, 32, 64, 128, 256, 512, 1 024, 2 048, 4 096, 8 192, 16 384, 32 768, 65 536, 131 072, 262 144, 524 288, 1 048 576

Übung 2

524 288, 262 144, 131 072, 65 536, 32 768, 16 384, 8 192, 4 096, 2 048, 1 024, 512, 256, 128, 64, 32, 16, 8, 4, 2, 1

Übung 3

a) 28 403, b) 28 423

Seite 9

Übung 4

a) 899 900 899 910 899 920 899 930 899 940 899 950

b) 899 900 899 950 900 000 900 050 900 100 900 150

c) A: 900 000

d) B: 30 000, C: 140 000, D: 150 000

Übung 5

a) 970 + 30, 870 + 130

b) 9 700 + 300, 8 700 + 1 300

c) 97 000 + 3 000, 87 000 + 13 000

d) 970 000 + 30 000, 877 000 + 123 000

Seite 10

Übung 1

a) zum Beispiel 78 550, aber auch 78 501 oder 78 599

b) zum Beispiel 78 555, aber auch 78 551 oder 78 559

c) zum Beispiel 785 500, aber auch 785 501 oder 785 999

Übung 2

a) zum Beispiel 150 000, aber auch 100 001 oder 199 999

b) zum Beispiel 995 000, aber auch 990 001 oder 999 999

c) Die Zahl heißt 99 999.

Übung 3

a)

110 000 130 000 150 000 170 000 190 000

100 000 120 000 140 000 160 000 180 000 200 000

150 000

b)

991 000 993 000 995 000 997 000 999 000

999 000 992 000 994 000 996 000 998 000 1 000 000

Seite 12

Übung 6

Die größte Zahl ist 987 654.
Die kleinste Zahl ist 012345, also 12 345.

Übung 7

Die größte Zahl ist 999 999.
Die kleinste Zahl ist 000 000, also 0.

Seite 14

Übung 1

10 =
10 + 0
9 + 1
8 + 2
7 + 3
6 + 4
5 + 5
4 + 6
3 + 7
2 + 8
1 + 9
0 + 10

100 =
90 + 10
80 + 20
70 + 30 usw.

oder:
99 + 1
98 + 2
97 + 3
55 + 45
44 + 56
34 + 66 usw.

Übung 2

100 =
200 – 100
300 – 200 usw.
oder:
115 – 15
125 – 25
222 – 122 usw.

Seite 15

Übung 3

1 000 =
500 + 500
600 + 400
700 + 300
800 + 200
900 + 100
100 + 900
200 + 800

1 000 000 =
500 000 + 500 000
600 000 + 400 000
700 000 + 300 000
800 000 + 200 000
900 000 + 100 000
100 000 + 900 000
200 000 + 800 000 usw.

Übung 4

1 000 =
9 000 – 8 000
8 000 – 7 000
1 700 – 700
1 600 – 600
1 010 – 10
1 009 – 9 usw.

Übung 5

10 000 =
90 000 – 80 000
80 000 – 70 000
30 000 – 20 000
16 000 – 6 000
10 010 – 10
10 009 – 9 usw.

Seite 16

Übung 6

Alle Summen: 90

Übung 7

Alle Summen: 3 450

Übung 8

Alle Summen: 909 090

Seite 17

Übung 9

654 321, 123 456, 876 542

Übung 10

1 357, 4 444, 1 357

Übung 11

4 567, 6 789, 246

Seite 18

Übung 1

24	**64**
1 · 24	1 · 64
2 · 12	2 · 32
3 · 8	4 · 16
4 · 6	8 · 8
6 · 4	16 · 4
8 · 3	32 · 2
12 · 2	64 · 1
24 · 1	7 Möglichkeiten
8 Möglichkeiten	

Übung 2

2, 6, 15, 50.

25 : 5 = 30 : 6 = 35 : 7 = 70 : 14 = 50 : 10 (Ergebnis: jeweils 5), 36 : 6 = 18 : 3 (Ergebnis jeweils 6)

Seite 19

Übung 3

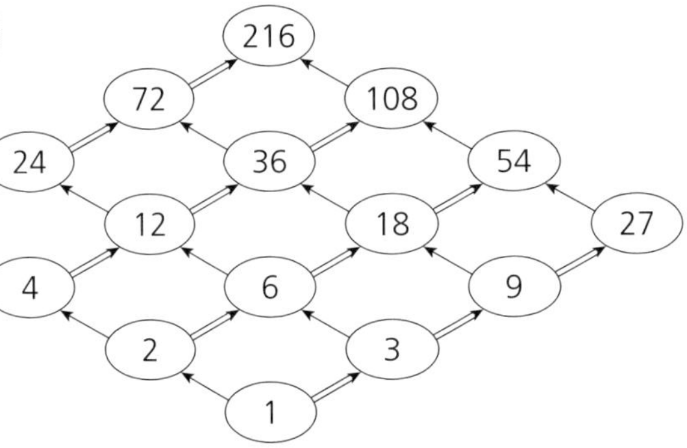

Übung 4

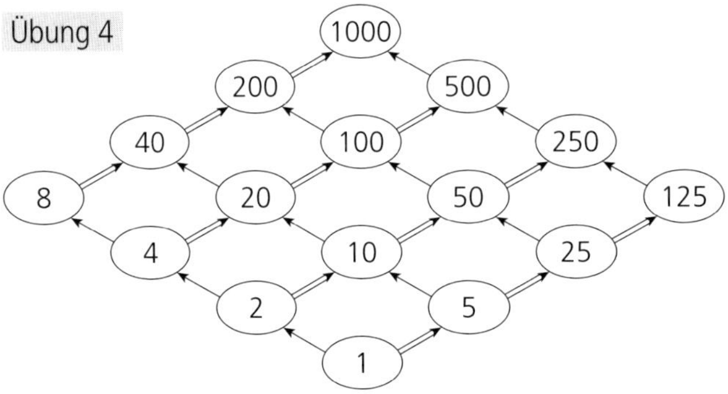

Seite 20

Übung 5

a) 6 111, b) 51 111, c) 411 111, d) 30 555, e) 255 555, f) 2 055 555

Übung 6

a) 111 111, b) 121 212, c) 131 313, d) 151 515. Bei allen Produkten wiederholt sich der zweite Faktor im Ergebnis 3-mal.

Übung 7

a) 2 222, b) 4 444, c) 8 888, d) 10 101, e) 90 909, f) 10 101, g) 20 202, h) 40 404, i) 10 101

Seite 21

Übung 8

a) 240, b) 224, c) 210

d) Teiler von 3 360: 1, 2, 4, 8, 16, 32, 3, 6, 12, 24, 48, 96, 5, 10, 20, 40, 80, 160, 7, 14, 28, 56, 112, 224, 15, 30, 60, 120, 240, 480, 21, 42, 84, 168, 336, 672, 35, 70, 140, 280, 560, 1 120, 105, 210, 420, 840, 1 680, 3 360

Übung 9

30, 20, 15, 12, 10, 8 R4, 7 R4, 6 R6, 6, 5 R5, 5, 4 R8, 4 R4, 4

Übung 10

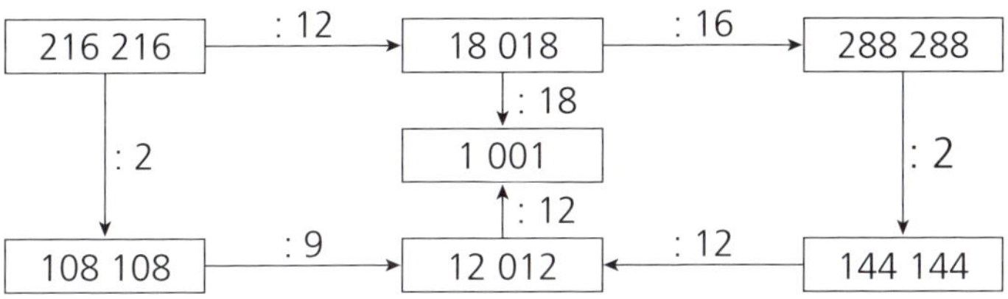

Mit Größen rechnen

Seite 24

Übung 1

Fahrrad: geschätzter Preis: 400 DM. Das kostet etwa genauso viel: eine Skiausrüstung.

Eine Flasche Milch: geschätzter Preis: 1,50 DM. Das kostet etwa genauso viel: eine Tafel Schokolade.

Ein Eis: geschätzter Preis: 1,00 DM. Das kostet etwa genauso viel: ½ Stunde parken.

Seite 25

Übung 2

a) 2 · 4,40 DM = 8,80 DM, 8,80 DM + 2,20 DM = 11,00 DM; Rückgeld: 20 DM – 11 DM = 9 DM

b) zum Beispiel 5 Brote (5 · 2,20 DM); 10-mal Saft (10 · 1,10 DM); 10-mal Salzstangen (10 · 1,10 DM); 2 Ananas, 1 Brot (2 · 4,40 DM + 2,20 DM); 2 Ananas, 1-mal Saft, 1-mal Salzstangen (2 · 4,40 DM + 1,10 DM + 1,10 DM); 1 Ananas, 3 Brote (4,40 DM + 3 · 2,20 DM)

c) Einige mögliche Lösungen:

Chips	Milch	Mais	Marmelade	Schokolade	Zahnpasta	Putzmittel
10	0	0	0	0	0	0
5	5	0	0	0	0	0
5	2	6	0	0	0	0
0	5	10	0	0	0	0

Seite 26

Übung 3

a) Er spart 260 DM – 160 DM = 100 DM.

b) 5 weitere Monate hätte er sparen müssen: 100 DM : 20 DM = 5.

c) 8 Schläger zu je 260 DM, Rechnung: 8 · 260 DM = 2 080 DM; 2 Schläger zu je 160 DM, Rechnung: 2 · 160 DM = 320 DM; Summe: 2 080 DM + 320 DM = 2 400 DM

d) 2 600 DM (vergleiche c)

e) 10 · 160 DM = 1 600 DM

f)

	St	DM	St	DM	St	DM	St	DM	St	DM
Verkauf zu 260 DM	10	2 600	9	2 340	8	2 080	7	1 820	6	1 560
Verkauf zu 160 DM	0	0	1	160	2	320	3	480	4	640
Einnahme insgesamt		2 600		2 500		2 400		2 300		2 200

	St.	DM	St	DM	St	DM	St	DM	St	DM	St	DM
260 DM	5	1 300	4	1 040	3	780	2	520	1	260	0	0
160 DM	5	800	6	960	7	1 120	8	1 280	9	1 440	10	1 600
insges.		2 100		2 000		1 900		1 800		1 700		1 600

Seite 27

Übung 4

a) 8 Flaschen Sekt kosten 8 · 10 DM = 80 DM. Für andere Getränke hat er noch 100 DM – 80 DM = 20 DM.
Für 20 DM erhält er: 20 DM : 4 DM = 5 Flaschen Orangensaft. Für Cola bleibt nichts übrig.

b) 4 Flaschen Orangensaft kosten 4 · 4 DM = 16 DM. Für Cola hat er 20 DM – 16 DM = 4 DM übrig. Das reicht für 4 Colaflaschen zu je 1 DM.

c) Fragen: Was kosten 3 Flaschen Orangensaft? Wie viel Geld hat er für Cola übrig? Wie viele Colaflaschen kann er dafür kaufen?
Antworten: 3 Flaschen Orangensaft kosten 3 · 4 DM = 12 DM. Er hat 20 DM – 12 DM = 8 DM übrig. Das reicht für 8 Colaflaschen zu je 1 DM.

d)

	Anzahl Sekt (10 DM)	Anzahl Saft (4 DM)	Anzahl Cola (1 DM)	Gesamtzahl Flaschen
100 DM	8	5	0	13
100 DM	8	4	4	16
100 DM	8	3	8	19
100 DM	8	2	12	22
100 DM	8	1	16	25
100 DM	8	0	20	28

Seite 28

Übung 1

Türhöhe: geschätzte Länge: 1,90 m. Das ist etwa genauso lang: ein großer Mann.
Daumen: geschätzte Länge: 4 cm. Das ist etwa genauso lang: ein Radiergummi.
Reiskorn: geschätzte Länge: 5 mm. Das ist etwa genauso lang: ein Kästchen im Rechenheft.

Seite 29

Übung 2

a)

	Anzahl	Anzahl	Anzahl	Anzahl
90 cm	6	4	2	0
60 cm	0	3	6	9

b)

	Anzahl	Anzahl
90 cm	0	2
60 cm	5	2

5 · 0,60 m = 3,00 m
2 · 0,90 m + 2 · 0,60 m =
1,80 m + 1,20 m = 3,00 m

c) Mit kurzen Steinen allein:
7 · 0,60 m = 4,20 m; 8 · 0,60 m = 4,80 m;
9 · 0,60 m = 5,40 m; 10 · 0,60 m = 6,00 m

Mit langen Steinen allein:
5 · 0,90 m = 4,50 m; 6 · 0,90 m = 5,40 m
3 kurze Randsteine kann man durch 2 lange Randsteine ersetzen, weil
3 · 0,60 m = 2 · 0,90 m = 1,80 m.
Also erhält man für diese Länge die folgenden Kombinationen:

kurze	lange
7	0
4	2
1	4
8	0
5	2
2	4
9	0
6	2
3	4
0	6
0	5
3	3
6	1

Außerdem 5,10 m (z. B. 7 kurze, 1 langer), 5,70 m (z. B. 8 kurze, 1 langer). Alle möglichen Längen: 4,20 m, 4,50 m, 4,80 m, 5,10 m, 5,40 m, 5,70 m.

Seite 30

Übung 3

a) Die Tischdecke ist 2,40 m lang, denn
2,00 m + 20 cm + 20 cm = 2,40 m.
Sie ist 1,20 m breit, denn
0,80 m + 20 cm + 20 cm = 1,20 m.

b) 2,40 m – 1,90 m = 0,50 m,
0,50 m : 2 = 0,25 m = 25 cm. Die Tischdecke hängt an der langen Seite 25 cm über.
1,20 – 1,00 m = 0,20 m, 0,20 m : 2 = 0,10 m = 10 cm. Sie hängt an der kurzen Seite 10 cm über.

c) 80 cm + 80 cm + 80 cm + 80 cm = 3,20 m.
Das blaue Band muss 3,20 m lang sein.

d) 1,60 m + 20 cm + 20 cm = 2,00 m

e) 90 cm + 90 cm = 1,80 m,
1,80 m + 15 cm + 15 cm = 2,10 m.

Übung 4

8 cm = 0,08 m, 35 cm = 0,35 m, 12 mm = 0,012 m, 2 km = 2 000 m, 23 dm = 2,3 m, 12,25 km = 12 250 m, 105 km = 105 000 m

Seite 31

Übung 5

a) Der Weg am Spielplatz vorbei ist länger.

b) Unterschied: 2 400 m – 1 800 m = 600 m

Übung 6

Gesamtstrecke:
1 800 m + 2 400 m = 4 200 m = 4,200 km

Übung 7

Zum Vergleich der Größen solltest du alles in km oder alles in m umwandeln. Nach der Größe geordnet: 6 400 m, 6 004 m, 6 004 m, 4 600 m, 4 060 m, 4 006 m, 640 m

Übung 8

10 km = 5,600 km + 4,400 km, 10 km = 6,600 km + 3,400 km

Seite 32

Übung 1

Kuchen backen: geschätzte Dauer: 45 min. Das dauert etwa genauso lang: eine Schulstunde.
Von einem Geburtstag zum nächsten: geschätzte Dauer: 1 Jahr. Das dauert etwa genauso lang: der Bau eines Hauses.
Die Zeit zwischen zwei Olympischen Spielen: geschätzte Dauer: 4 Jahre. Das dauert etwa genauso lang: die Grundschulzeit.

Seite 33

Übung 2

Beispiel: Ein Kind hat am 10. Juni Geburtstag. 21 Tage vorher ist der 20. Mai, 21 Tage danach ist der 1. Juli.

Übung 3

25. Oktober: Sonntag, 31. Oktober: Samstag, 11. Oktober: Sonntag, 1. Oktober: Donnerstag, 1. November: Sonntag

Übung 4

1896, 1900, 1904, 1908, 1912, 1920, 1924, 1928, 1932, 1936, 1948, 1952, 1956, 1960, 1964, 1968, 1972, 1976, 1980, 1984, 1988, 1992, 1996, 2000 …

Seite 34

Übung 5

a)

Rot	7:00	7:10	7:20	7:30	7:40	7:50	8:00	8:10	8:20	8:30
Gelb	7:00	7:20	7:40	8:00	8:20	8:40	9:00	9:20	9:40	10:00
Blau	7:00	7:15	7:30	7:45	8:00	8:15	8:30	8:45	9:00	9:15

b) 7:20 Uhr, 7:40 Uhr … Immer, wenn ein gelber Bus fährt, fährt auch ein roter.

c) 7:30 Uhr, 8:00 Uhr, 8:30 Uhr, …; d) 8:00 Uhr, 9:00 Uhr …; e) 8:00 Uhr, 9:00 Uhr …

Seite 35

Übung 6

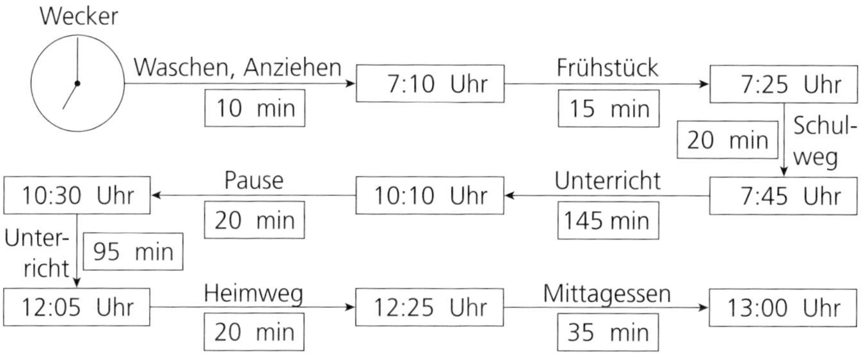

Seite 36

Übung 1

Auto: geschätztes Gewicht: 1 t. Das wiegt etwa genauso viel: ein großer Findling-Stein.
Zucker: geschätztes Gewicht: 1 kg. Das wiegt etwa genauso viel: ein Liter Milch.
Schokoladentafel: geschätztes Gewicht: 100 g. Das wiegt etwa genauso viel: ein kleiner Apfel.
Gummibärchen: geschätztes Gewicht: 1 g. Das wiegt etwa genauso viel: eine Tintenpatrone.

Seite 37

Übung 2

Kleinbus: 1 500 kg, Erwachsener: 80 kg, Auto: 1 t, LKW: 2,500 t, Kind: 40 kg, Fahrrad: 20 kg, Koffer: 10 kg

Seite 38

Übung 3

1 t	100 kg	10 kg	1 kg	
0	0	8	0	0,080 t
0	0	4	0	0,040 t
2	5	0	0	2,500 t
1	5	0	0	1,500 t
0	0	2	0	0,020 t
0	0	1	0	0,010 t
1	0	0	0	1,000 t

Übung 4

$2 \cdot 1{,}000\ t = 2{,}000\ t$		2,000 t
$8 \cdot 80\ kg = 640\ kg = 0{,}640\ t$		+ 0,640 t
$1\,500\ kg = 1{,}500\ t$		+ 1,500 t
$2{,}500\ t = 2{,}500\ t$		+ 2,500 t
		6,640 t

Seite 39

Übung 5

a) 1 Kleinbus: 1 500 kg = 1,500 t
5 Autos: 5 · 1 t = 5,000 t
2 Fahrräder: 2 · 20 kg = 40 kg = 0,040 t
10 Erwachsene: 10 · 80 kg = 800 kg = 0,800 t
15 Kinder: 15 · 40 kg = 600 kg = 0,600 t

```
  1,500 t
+ 5,000 t
+ 0,040 t
+ 0,800 t
+ 0,600 t
---------
  7,940 t
```

Das geladene Gewicht beträgt 7,940 t.

b) 1 500 kg + 80 kg = 1 580 kg = 1,580 t

```
  7 940 t
+ 1,580 t
---------
  9,520 t
```

9,520 ist weniger als 10 t. Der Kleinbus mit einem Erwachsenen darf also auch noch auf die Fähre fahren.

Übung 6

2 · 80 kg = 160 kg, 2 · 40 kg = 80 kg
5 · 20 kg = 100 kg, 2 · 10 kg = 20 kg

Übung 8

5 350 kg =	5 t 350 kg =	5,350 t
348 900 kg =	348 t 900 kg =	348,900 t
321 000 kg =	321 t 0 kg =	321,000 t
67 988 kg =	67 t 988 kg =	67,988 t
793 002 kg =	793 t 2 kg =	793,002 t
62 899 kg =	62 t 899 kg =	62,899 t
17 088 kg =	17 t 88 kg =	17,088 t
134 600 kg =	134 t 600 kg =	134,600 t
350 kg =	0 t 350 kg =	0,350 t
80 kg =	0 t 80 kg =	0,080 t
5 kg =	0 t 5 kg =	0,005 t

Seite 42

Übung 1

Aquarium: geschätzte Flüssigkeitsmenge: 100 l. Das hat etwa genauso viel Inhalt: eine kleine Badewanne.
Eimer: geschätzte Flüssigkeitsmenge: 10 l. Das hat etwa genauso viel Inhalt: 10 Flaschen Milch.
Tasse: geschätzte Flüssigkeitsmenge: 0,25 l. Das hat etwa genauso viel Inhalt: ein Fläschchen Schulmilch.

Seite 40

Übung 7

Hier siehst du mögliche Lösungen, sicher findest du noch andere richtige Möglichkeiten.

Erwachsene	Kinder	Fahrräder	Koffer	zusammen:
4 · 80 kg = 320 kg	2 · 40 kg = 80 kg	5 · 20 kg = 100 kg	2 · 10 kg = 20 kg	520 kg
1 · 80 kg = 80 kg	8 · 40 kg = 320 kg	6 · 20 kg = 120 kg	0 · 10 kg = 0 kg	520 kg
6 · 80 kg = 480 kg	0 · 40 kg = 0 kg	2 · 20 kg = 40 kg	0 · 10 kg = 0 kg	520 kg
2 · 80 kg = 160 kg	5 · 40 kg = 200 kg	5 · 20 kg = 100 kg	6 · 10 kg = 60 kg	520 kg
5 · 80 kg = 400 kg	1 · 40 kg = 40 kg	2 · 20 kg = 80 kg	0 · 10 kg = 0 kg	520 kg
3 · 80 kg = 240 kg	2 · 40 kg = 80 kg	7 · 20 kg = 140 kg	6 · 10 kg = 60 kg	520 kg

Seite 43

Übung 2

a) 16 Beutel für 8 Personen. Jeder bekommt 2 Beutel = 1 l.

b) Wenn jeder 2 l trinkt, ist das die doppelte Menge. Es fehlen 8 l = 16 Beutel.

Seite 44

Übung 3

a) 16 Liter Bier

b)	**Jeder trinkt**	**l**	1	2	3	4	5	6	7	8	9	10
	insgesamt	**l**	16	32	48	64	80	96	112	128	144	160
c)	**Trinkbeutel**		32	64	96	128	160	192	224	256	288	320

Übung 4

8 · 0,25 l = 2,00 l; 2 l : 2 = 1 l

1 l Wasser wird benötigt, also reicht der Wasserbeutel mit 1,5 l Wasser.

Seite 45

Übung 5

a) Jedes Kind bekommt 1 Flasche Sprudel, das ist ½ l.

b) Sie kauft 24 Beutel (2 · 12), das sind 6 Liter (24 : 4).

Übung 6

a) Jedes Kind bekommt 2 Flaschen Sprudel, das ist 1 l für jedes Kind.

b) Jedes Kind kann doppelt so viel Saft bekommen, das sind 4 Beutel = 1 l.

Seite 46

Übung 7

Kinder		12	6	4	3	2	1
Sprudelflaschen		1	2	3	4	6	12
Saft	**Beutel**	2	4	6	8	12	24
	l	½	1	1½	2	3	6

Übung 8

	Gewicht	**· 10**	**· 2**
Elsa	450 kg	4 500 kg = 4 500 l	9 000 l
Lisa	560 kg	5 600 kg = 5 600 l	11 200 l
Leni	500 kg	5 000 kg = 5 000 l	10 000 l
Paola	490 kg	4 900 kg = 4 900 l	9 800 l
Susi	400 kg	4 000 kg = 4 000 l	8 000 l

Seite 47

Übung 9

a) 1 Mülltonnen fasst 120 l, 15 Mülltonnen fassen 15 · 120 l = 1 800 l.

b) Rechnung: mithilfe der Tabelle (1. Lösungsweg):
Müll von 1 Straße: 1 800 l
Müll von 2 Straßen: 3 600 l
Müll von 10 · 2 Straßen:
10 · 3 600 l = 36 000 l
2. Lösungsweg mit der Frage: Wie viele Mülltonnen machen den Müllwagen voll?
Tabelle:

Mülltonnen	**l**
1	120
2	240
3	360
100	12 000
200	24 000
300	36 000

15 Mülltonnen stehen an jeder Straße.
300 Mülltonnen stehen an wie vielen Straßen?
Rechnung: 300 : 15 = 20
Antwort: Der Müllwagen kann 20 Straßen mit je 15 Mülltonnen abfahren.

c) Da jetzt doppelt so viele Mülltonnen in jeder Straße stehen, können nur noch halb so viele Straßen abgefahren werden, also 10.

Besondere Lösungshilfen

Seite 48

Übung 1

Insgesamt sind sie 36 km gefahren, hin und zurück.
36 km : 2 = 18 km; eine Strecke ist also 18 km lang.
18 km – 3 km – 5 km = 10 km: Die Strecke vom Spielplatz zum Rastplatz im Wald ist 10 km lang.

Seite 49

Übung 2

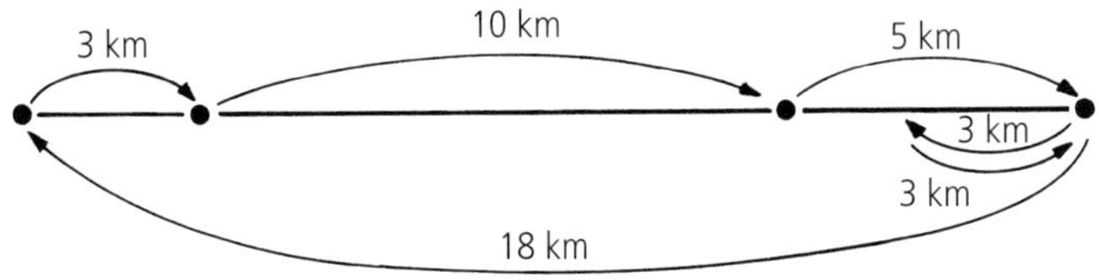

3 km + 3 km = 6 km. Der Ausflug war 6 km länger.

Übung 3

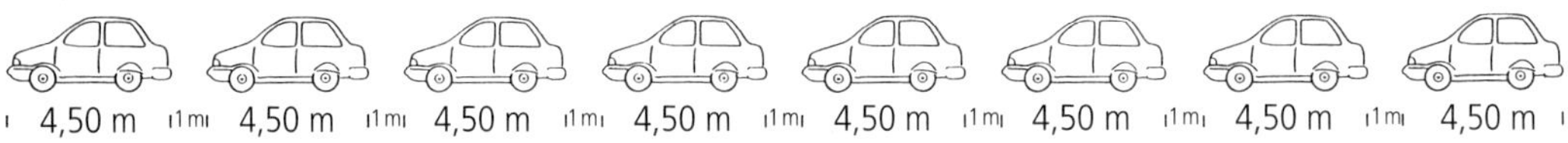

8 · 4,50 m = 36 m, 7 · 1,00 m = 7 m.
36 m + 7 m = 43 m. Die Reihe geparkter Autos ist 43 m lang.

Übung 4

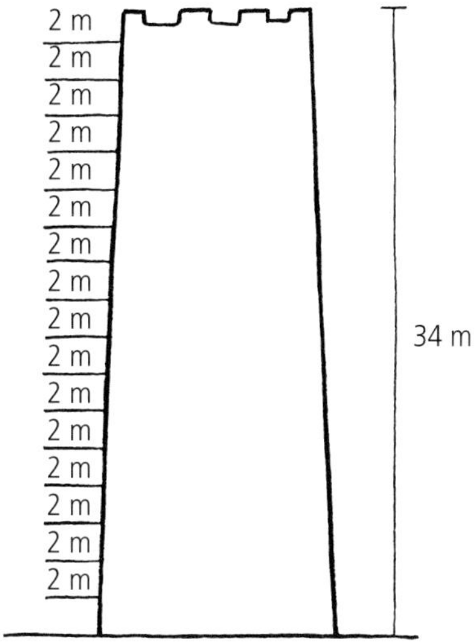

Es sind 16 Gerüstböden nötig (oben am Turm wird ja keiner gebraucht!).

Seite 50

Übung 5

a) Kinderzimmer 1 ist 4,5 cm lang und 3,5 cm breit gezeichnet.
In Wirklichkeit ist es also 4,5 m lang und 3,5 m breit.
Kinderzimmer 2 ist 5,5 m lang und 2,5 m breit.
Kinderzimmer 1: 7 · 9 = 63 Kästchen
Kinderzimmer 2: 11 · 5 = 55 Kästchen
Kinderzimmer 1 ist also größer.

b) Er kann 4 m lang sein, dann passt er gerade noch an die Wand. Es wäre aber besser, wenn er kürzer wäre. Dann könnte man die Tür noch gut öffnen!

Seite 51

Übung 6

Schreibtisch:

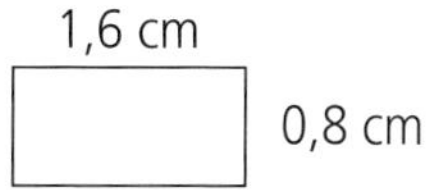

Übung 7

Teppichläufer:

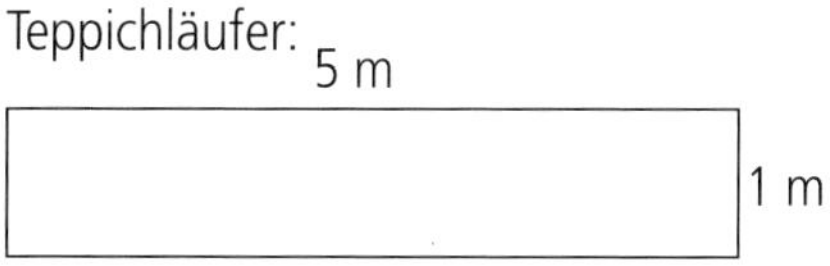

Er passt ins Wohnzimmer.

Übung 8

Skizze b) passt. Ein längerer Abschnitt soll immer 6 m lang sein, ein Baum und ein Abstand. Zum Schluss der Reihe steht noch ein Baum.
10 · 1 m = 10 m, 9 · 5 m = 45 m;
45 m + 10 m = 55 m. Die Straße ist 55 m lang.

Seite 52

Übung 1

Jonathan fragt: 1) „Was kostet die Schutzausrüstung?" 2) „Wie viel Geld bleibt für die Skates?" 3) „Welche Skates kann ich mir aussuchen?"
Rechnung zu Frage 1: Hier kannst du die Antwort ohne zu rechnen finden: Die Schutzausrüstung kostet 59,90 DM.
Rechnung zu Frage 2: 260 DM – 59,90 DM = 200,10 DM. 200,10 DM bleiben noch für die Skates.
Rechnung zu Frage 3: 199,90 DM < 200,10 DM, 179,90 DM < 200,10 DM. Jonathan kann sich Super-Skates oder Prima-Skates aussuchen.

Seite 53

Übung 2

Wie lang ist Jonathan unterwegs? 2 h 15 min.
Wie viel Geld muss Sarah noch sparen, damit es für die Inliners und die Schutzausrüstung reicht? 39,80 DM.

Übung 3

Die Reihenfolge ist: 1, 4, 5, 3, 2.

1. Das Tonpapier kostet 9,75 DM, denn 5 · 1,95 DM = 9,75 DM.
2. Das Band kostet 7,20 DM, denn 4 · 1,80 DM = 7,20 DM
3. Die Wellpappe kostet 6,75 DM, denn 3 · 2,25 DM = 6,75 DM.
4. Sarah muss insgesamt 23,70 DM bezahlen.
5. Sie bekommt noch 16,30 DM zurück, denn 40 DM – 23,70 DM = 16,30 DM.

Seite 54

Übung 4

Wie viel kostet die Lokomotive jetzt?
29,80 DM : 2 = 14,90 DM.
Wie viel kosten 2 Waggons?
19,50 DM · 2 = 39,00 DM.
Wie viel kosten 10 Schienenteile?
5,30 DM · 10 = 53,00 DM.
Wie viel kosten 3 Weichen?
7,80 DM · 3 = 23,40 DM.
Wie viel kostet das zusammen?

$$\begin{array}{r} 14{,}90 \\ 39{,}00 \\ 53{,}00 \\ +\ 23{,}40 \\ \hline 148{,}25 \end{array}$$

Seite 55

Übung 5

1. Es sind 32 Stände.
2. Es bleiben noch 32 Würstchen übrig.
3. Das sind noch 21 Tage.
4. Er ist 69 Jahre alt.

Seite 56

Übung 1

Sarah möchte Osterkarten basteln. Dazu braucht sie Tonpapier und Pappe. Ein Bogen Tonpapier kostet 1,95 DM und ein Bogen Pappe kostet 2,00 DM. Wie viel muss sie bezahlen, wenn sie 2 Bogen Tonpapier und 3 Bogen Pappe kauft?
2 · 1,95 DM = 3,90 DM, 3 · 2,00 DM = 6,00 DM, 3,90 DM + 6,00 DM = 9,90 DM. Sie muss 9,90 DM bezahlen.
Jonathan baut einen Drachen aus Holz und Transparentpapier. Er braucht ein 50 cm langes und ein 30 cm langes Holzstück. 1 m Holzleiste kostet 5,00 DM. Wie viel muss Jonathan für das Holz bezahlen?
1 m = 100 cm kosten 5,00 DM, dann kosten 10 cm 50 Pf. Jonathan braucht 80 cm:
8 · 50 Pf = 400 Pf = 4,00 DM. Er muss für seine Holzleisten 4,00 DM bezahlen.

Seite 57

Übung 2

Letzte Woche kamen 975 Erwachsene ins Freibad. Es waren insgesamt in der letzten Woche doppelt so viele Kinder wie Erwachsene im Freibad. Erwachsene Badegäste zahlen 4 DM. Kinder zahlen die Hälfte.

$$\begin{array}{r} 975 \cdot 4 \\ \hline 3\,900 \end{array} \qquad \begin{array}{r} 975 \cdot 2 \\ \hline 1\,950 \end{array} \qquad \begin{array}{r} 1\,950 \cdot 2 \\ \hline 3\,900 \end{array}$$

$$\begin{array}{r} 3\,900\text{ DM} \\ +\ 3\,900\text{ DM} \\ \hline 7\,800\text{ DM} \end{array}$$

Die Einnahmen dieser Woche betrugen 7 800 DM.

Unsere Umwelt

Seite 58

Übung 1

Sarah wiegt zum Beispiel 36 kg.
36 : 6 = 6. Ihre Haut wiegt 6 kg. Und deine?

Übung 2

Dienstag: Morgens: 0,25 l Kakao und 0,25 l Milch, mittags: zwei 0,3-l-Gläser Sprudel, am Nachmittag: 0,5 l Apfelsaft, 0,3 l Sprudel, am Abend: zwei 0,3-l-Gläser Sprudel.
Mittwoch: Morgens: zwei 0,3-l-Gläser Milch, mittags: zwei 0,25-l-Gläser Apfelsaft, am Nachmittag: zwei 0,5-l-Gläser Sprudel, am Abend: zwei 0,2-l-Gläser Limonade.
Du findest sicher noch mehr Möglichkeiten!

Seite 59

Übung 3

4 cm —(·7)→ 28 cm

1 s —(·7)→ 7 s

Der Bissen braucht 7 s.

Übung 4

a) 3 · 49,90 DM = 3 · 50 DM – 3 · 10 Pf = 149,70 DM
4 · 39,90 DM = 4 · 40 DM – 4 · 10 Pf = 159,60 DM
149,70 DM + 159,60 DM = 309,30 DM
3 Sitzbälle und 4 Ballkissen kosten 309,30 DM.
b) 309,30 · 10 = 3 093,00 DM. Die Schule muss 3 093,00 DM bezahlen.

Seite 60

Übung 1

Schüler:	32	24
Anzahl der Augen	64	48
Anzahl der Ohren	64	48
Anzahl der Schultaschen	32	24
Anzahl der Hände	64	48
Anzahl der Finger	320	240
Jeder hat 2 Bücher	64	48
Jeder hat 4 kleine Hefte	128	96
Die Hälfte sind Mädchen	16	12
Ein Viertel sind Schwimmer	8	6
Ein Achtel sind im Sportverein	4	3

Seite 61

Übung 2

a) Wenn du 33 kg wiegst, darf deine gepackte Schultasche höchstens 3,3 kg wiegen.
3,3 kg – 1,2 kg = 2,1 kg. Der Inhalt wiegt dann 2,1 kg.
b) 3,5 kg · 10 = 35 kg. Das Kind wiegt mindestens 35 kg.
c) Mäppchen und Buch: 900 g
Mäppchen und 4 Hefte: 800 g
Buch und 4 Hefte: 700 g
Das Mäppchen wiegt also 100 g mehr als das Buch:
Mäppchen: 500 g
Buch: 400 g

Seite 62

Übung 1

a) 12 · 250 = 3 000. Es werden 3 000 große Eier und 3 000 kleine Eier gelegt.
3 000 · 30 Pf = 90 000 Pf = 900 DM.
3 000 · 25 Pf = 75 000 Pf = 750 DM.
900 DM + 750 DM = 1 650 DM.
Bauer Schmitz nimmt 1 650 DM ein.

b) 24 · 250 = 6 000.
(·3) 24 Hühner legen 6 000 Eier (·3)
48 Hühner legen dann 12 000 Eier
72 Hühner legen dann 18 000 Eier
24 + 48 = 72. Er muss 48 Hühner dazu kaufen.
Er nimmt dann auch dreimal so viel Geld ein:
1 650 DM · 3 = 4 950 DM.
Er nimmt 4 950 DM ein.

Übung 2

Wie viel Liter Milch braucht man für ein Päckchen Butter?

(:4) 24 l Milch ergeben 1 000 g Butter (:4)
6 l Milch ergeben 250 g Butter

6 l · 52 = 312 l. 312 l Milch sind nötig, um den Jahresbedarf an Butter für die Kluges herzustellen.

Seite 63

Übung 3

a) Ein Feld ist 80 m lang und 80 m breit. Da es doppelt so breit ist, braucht er doppelt so lang, also 12 h.
Ein Feld ist 80 m lang und 20 m breit. Da es halb so breit ist, braucht er halb so lang, also 3 h.

b) Ein Feld ist 80 m lang und 20 m breit.
Man braucht also 3 h (siehe Aufgabe a).
Ein Feld ist 40 m lang und 40 m breit.
Man braucht dafür also auch 3 h.
Da sie gleichzeitig mit 2 Mähdreschern mähen, brauchen sie zusammen 3 h.

c) Ein Mähdrescher braucht 6 h. Also brauchen 2 Mähdrescher 3 h.

Seite 64

Übung 1

365 · 6 = 2 190. Sie schlafen in einem Jahr 2 190 min.
2 190 : 60 = 36,5. Das sind 36 h und eine halbe Stunde.
Ein Tag hat 24 h, also sind 36 h und eine halbe Stunde nur etwas mehr als 1,5 Tage und damit auch weniger als eine Woche.
365 · 20 = 7 300. Löwen dösen im Jahr 7 300 h.
365 · 24 = 8 760. Ein ganzes Jahr hat 8 760 h.
8 760 : 2 = 4 380. Ein halbes Jahr hat 4 380 h.
7 300 h > 4 380 h. Löwen dösen mehr als ein halbes Jahr pro Jahr.
Das kann man übrigens auch durch Überlegen lösen: Da Löwen mehr als den halben Tag schlafen, schlafen sie auch länger als ein halbes Jahr.
Angenommen, du schläfst 10 h pro Nacht:
365 · 10 = 3 650. Dann schläfst du also 3 650 h pro Jahr.

Übung 2

1 · 2 + 5 · 7 + 1 · 1 = 2 + 35 + 1 = 38
38 · 5 = 190
Das sind 190 Tierjunge in 5 Jahren.

Seite 65

Übung 3

100 000 – 2 000 = 98 000.
In 50 Jahren wurde die Anzahl der Wale um 98 000 Tiere vermindert.

450 000 – 2 000 = 448 000. In 100 Jahren wurde die Anzahl der Wale um 448 000 Tiere vermindert.
2 000 · 50 = 100 000. Vor 50 Jahren gab es 50-mal so viele Wale wie heute.

Übung 4

Die Futtermengen sind schon nach der Größe geordnet!

Futter	jährliche Mengen	monatliche Mengen
Fische	21 000 kg	1 750 kg
Getreide	31 200 kg	2 600 kg
Fleisch	42 000 kg	3 500 kg
Gemüse	62 400 kg	5 200 kg
Futterrüben	99 600 kg	8 300 kg
Obst	99 960 kg	8 330 kg
Heu	302 400 kg	25 200 kg

Seite 67

Übung 7

So lauten die Größeneinheiten in der richtigen Reihenfolge im Lückentext: cm, kg, Pf, l, DM, h; DM, h, Tag; DM, DM, g, cm, cm.

Seite 68

Übung 1

1 200 FF = 400 DM, 2 400 FF = 800 DM,
4 800 FF = 1 600 DM

Seite 69

Übung 2

1 Tag:	700 ÖS =	100 DM
7 Tage:	4 900 ÖS =	700 DM
2 Wochen:	9 800 ÖS =	1 400 DM

Seite 66

Übung 5

	Heu 5 kg	Gras 10 kg	Hafer 3 kg	Hafer 8 kg	Karotten 2 kg	Brot 5 kg
150 kg	6	4	2	3	15	4
150 kg	10	1	10	5	5	2
150 kg	2	9	1	5	1	1
150 kg	2	3	4	10	4	2
150 kg	3	5	8	4	7	3

Das ist nur ein möglicher Plan. Es kann sein, dass dein Nahrungsplan anders aussieht!

Übung 6

5 000 kg : 35 kg = 142 R30. Etwa 143 Kinder wiegen so viel wie ein ausgewachsener Elefant.
5 000 kg : 1 000 kg = 5. Das Gewicht der Elefantenhaut macht den fünften Teil (ein Fünftel) des Gesamtgewichts aus.

Übung 3

DM	ÖS
100	700
200	1 400
300	2 100
400	2 800
500	3 500
600	4 200
700	4 900
800	5 600
900	6 300
1 000	7 000

LIT	ÖS	DM
100 000	700	100
200 000	1 400	200
300 000	2 100	300
400 000	2 800	400
500 000	3 500	500
600 000	4 200	600
700 000	4 900	700
800 000	5 600	800
900 000	6 300	900
1 000 000	7 000	1 000

Seite 70

Übung 4

LIT	ÖS
100 000	700
200 000	1 400
300 000	2 100
400 000	2 800
500 000	3 500
600 000	4 200
700 000	4 900
800 000	5 600
900 000	6 300
1 000 000	7 000

Übung 5

1 Tag: 700 ÖS = 100 000 LIT
7 Tage: 4 900 ÖS = 700 000 LIT
2 Wochen: 9 800 ÖS = 1 400 000 LIT
oder Lösungsweg über DM:
1 Tag: 700 ÖS = 100 DM = 100 000 LIT
7 Tage: 700 DM = 700 000 LIT
2 Wochen: 1 400 DM = 1 400 000 LIT

Seite 71

Übung 6

EUR	DM	FF
100	200	600
200	400	1 200
300	600	1 800
400	800	2 400
500	1 000	3 000
600	1 200	3 600
700	1 400	4 200
800	1 600	4 800
900	1 800	5 400
1 000	2 000	6 000

Übung 7

Ware	DM	EUR
500 g Kaffee „Auslese"	14,00	7,00
500 g Kaffee „Mild"	13,00	6,50
500 g Kaffee Sorte 1	12,00	6,00
500 g Kaffee Sorte 2	12,80	6,40
500 g Kaffee Sorte 3	11,00	5,50
500 g Kaffee „Sonderangebot"	9,80	4,90

Im FALKEN Verlag sind zahlreiche Lernhilfen für die Fächer Deutsch, Mathematik und Englisch erschienen. Sie sind überall erhältlich, wo es Bücher gibt.

Sie finden uns im Internet: **www.falken.de**

Dieses Buch wurde auf chlorfrei gebleichtem und säurefreiem Papier gedruckt.

Der Text dieses Buches entspricht den Regeln der neuen deutschen Rechtschreibung.

ISBN 3 8068 2099 6

Umschlaggestaltung: Peter Udo Pinzer
Titelgrafiken: Jovica Savin, Frankfurt am Main
Gestaltung: Horst Bachmann
Redaktion: Gabi Neumayer, Köln
Koordination: Regine Gamm
Herstellung: Petra Becker
Zeichnungen: MacCool: Jovica Savin, Frankfurt am Main;
alle übrigen Grafiken: Peter Lohse, Büttelborn

Satz: Raasch & Partner GmbH, Neu-Isenburg
Druck: Appl, Wemding

817 2635 4453 6271

Mathematik